海鳥ブックス25

長崎が出会った近代中国

横山宏章

海鳥社

序言

長崎は豊かな歴史に抱かれた港町である。十六世紀に長崎港が開かれ、次々とポルトガル船や唐船が入港し、華やかな歴史の幕が開いた。

長崎に多くのキリスト教会や黄檗宗の中国寺が建設され、街には中国僧の技術によって近代的な石橋が築かれた。キリスト教の伝来は、長崎に繁栄をもたらしたが、同時に悲劇を生んだ。キリスト教の禁令によって教会は潰され、長崎は弾圧と処刑、殉教の街に変わると同時に、隠れキリシタンの歴史を刻むことになる。鎖国令によってポルトガル船は追われたが、代わってオランダ船が入港、日本唯一の開港（正式にいえば対馬で朝鮮貿易が行われ、薩摩、松前にも琉球や蝦夷地への窓口が開かれていたから、唯一とはいえないが）となって、その膨大な貿易収入は長崎の街にも繁栄をもたらした。出島と唐人屋敷が築かれることで、紅毛人（阿蘭陀人）と唐人（中国人）は一般庶民からは切り離されたものの、それでも長崎は独自な個性を創りだすことになる。

幕末の開国によって、ゲットーとしての出島と唐人屋敷は解体されたが、それに代わって西洋館が並ぶ外国人居留地が形成され、唐船貿易の倉庫街であった新地には中華街が誕生した。また欧米の技術が導入され、長崎は近代産業を代表する炭鉱と造船の街へと変身する。隠れキリシタンの歴史は、キリスト教の復活をもたらし、長崎の各地には多くの天主教教会が築かれた。それと同時に、長崎は中国への窓口となって、長崎――上海航路が人々の往来を盛んにした。このように西洋文化と中国文化に彩られた、特異な異国情緒をかもし出した。一九四五年八月、長崎に落とされた一発の原子力爆弾が、長崎の悲劇をさらに色濃くさせた。

この長崎の歴史は、歴史学者にとっても興味ある対象となった。長崎を舞台とした多くの研究書が生まれたのは当然である。だが、その多くは幕末以前の研究である。たしかに長崎の中世史、近世史は他に類をみない独自性を内包していたから、そこに集中するのは当然の帰結である。

しかしその結果、研究対象としては、明治以後の長崎の近代史、現代史はほとんど顧みられることがなかった。それでも、長崎で活躍したシーボルト、グラバーという名が全国に知られているように、欧米人への研究は少なくない。西欧化した日本の学術研究の縮図がそこにあったからである。

それに反して、悲しいことに、長崎における中国との近代史は忘れ去られた。しかし、明治以降も長崎は中国大陸との窓口であり、多くの史料が残されている。長い東京での教鞭生活を離れて一九九九年四月、開学された県立長崎シーボルト大学に着任したとき、私は長崎から近代、現代の中国を見つめようと、史料探索を始めた。すると研究者にとっては幸いなことに、まだほとんど手がつけられていない史料が多くあることに感動した。

結果的には二〇〇五年三月までの六年間で長崎を離れることになったが、本書は、その史料を利用しながら、同時に東京にある長崎関連の史料をもとに書き上げた近代長崎に関する歴史書である。

特に留意した点は、長崎を舞台にしながら、日本人の中国認識、中国人の日本認識の相違点である。歴史は現在の鑑というが、今日の日中関係を考えるにあたって、示唆にとむ点が多い。

横山宏章

二〇〇六年四月六日

長崎が出会った近代中国◉目次

長崎から上海へ、高杉晋作たちが見た中国

千歳丸の上海派遣と見聞録

今から約一四四年前の一八六二年、すなわち文久二年に徳川幕府は官船の千歳丸《せんざいまる》を上海へ派遣した。一八五四年の開国以来、八年にして初の中国派遣船である。一八六二年五月二十七日（文久二年四月二十九日）に長崎を出航し、六月三日（五月六日）に上海へ到着した。長崎から上海へは八日ほどかかっている。鎖国時代の長崎は中国からの唐船貿易が盛んに行われていたが、日本人が中国に渡ることは禁じられており、漂流を除けば、日本人が中国を正式に見聞するのは二世紀ぶりであった。

帰国のために上海を出帆したのは七月三十一日（七月五日）、長崎へ戻ったのが八月九日（七月十四日）。約二カ月間、使節団は上海に逗留したことになる。千歳丸は幕府が長崎で購入したイギリス商船（「船号アルミスティス」[1]Armistice）で、三本マストをもつ三五八トンの帆船である。派遣された日本人は役人、従者、医師、唐通事、阿蘭通詞、長崎商人、炊夫、水手など五十一名。それに船員はイギリス人を中心に十六名。従者のなかに幕末最大の志士の一人である高杉晋作がいたことは有名である。

千歳丸の派遣目的、派遣への政策決定、中国との交渉過程、貿易業務などについては、これまでの研究にまかせるとして[2]、ここでは残された様々な「上海見聞録」を通し、日本人が初めてみた上海、中国、ないしは中国人へのイメージを明らかにし、明治期に形成された日本人の中国観の原点を探り出したい。

千歳丸で上海に派遣された人々のなかで、現在確認できるものとして「見聞録」を残しているのは次の八人である[3]。

高杉晋作　（長州藩）　「遊清五録」
中牟田倉之助　（佐賀藩）　『中牟田倉之助伝』
納富介次郎　（佐賀藩）　「上海雑記」
日比野輝寛　（高須藩）　「贅肬録」「没鼻筆語」
峰潔（源蔵）　（大村藩）　「船中日録」「清国上海見聞録」
名倉予何人　（浜松藩）　「海外日録」「支那見聞録」
松田屋伴吉　（長崎商人）　「唐国渡海日記」「唐国渡海日録」
岩瀬弥四郎　（阿蘭小通詞並）　「文久酉戌上海記録」

何といっても最大の著名人は高杉晋作である。「遊清五録」は「航海日録」「上海掩留日録」「続航海日録」「長崎淹留雑録」「内情探索録」「外情探索録」などからなる。中牟田倉之助については、「上海行日記」などの五本の記録が残っているようであるが、それをもとに書かれた伝記に、部分的に紹介されているにとどまっている。他に著名人としては、実業家として活躍した薩摩藩の五代友厚（才介）が水夫として参加しているが、記録は残していないようである。

上海租界の繁栄

悠久の歴史を誇る中国にあって、上海は新しい街である。長江河口に近い上海に、城壁で囲まれた県城が造られたのは明の時代、一五五三年[4]であった。理由は倭寇の襲撃から上海を守るためである。しかし現在のような中国最大の都市となる起点は、いうまでもなく、一八四二年に結ばれた南京条約で上海が開港となってからである。それまでの上海はいわば寒村の一つであったが、とくに一八四五年から租界が形成され、イギリス、フランスを中心とする西欧列強の手で、近代都市形成が始まった[5]。上海は中国の都市であっても、中国人の都市ではなかった。千歳丸が上海に入港した時、すでに租界建設開始から十七年経っており、西洋商館が立ち並んだ異様な光景を見ることができた。一種のコロニアル都市である。

上海は中国屈指の新興商業都市となり、世界の船が集まる貿易都市でもあった。多くの内外

1850年代の上海外灘の様子（『近代上海繁華録』商務印書館刊より）

商船が上海港のある黄浦江（長江の支流）を行き交い、黒煙を吐く外国軍艦も威風を見せていた。

その繁栄する異様な光景を初めて目にした千歳丸の日本人は驚きの連続であった。

まず長江をのぼって呉淞から支流の黄浦江に入った千歳丸が目にしたものは、狭い黄浦江に浮かぶ無数の船舶であった。帆船の長いマストが林立し、遠くが見通せないほどであった。中国船はジャンクと呼ばれる小さな帆船が主流であろう。現在も帆をおろしたジャンクのマストが黄浦江に林立している光景をみることができる。

大村藩の峰潔はその光景を次のように記している。

遥かに眺望するに諸国商船六百余艘集、其柱上遠く臨むに冬山の林の如し。中に火輪舟五六十余艘あり。呟大なるは英仏の二艘なり。船長約五十六七間大砲五十柱備の蒸気軍り。

（峰潔「船中日録」一五頁）

商船に交じって蒸気軍艦、すなわち幕末の日本を驚かせた黒船も碇泊していたのだ。

昼四時過、上海の港に着船す。此処川横十町長四十町許の処、各国の夷船輻輳し、清国の艇船数知れず。帆檣《はんしょう》の連立する恰《あたか》も林の如く、実に繁花の地なり。

（峰潔「清国上海見聞録」一二五頁）

「帆檣」とは帆船のマストのことである。「繁花の地」と驚いたのは峰潔一人ではない。納富介次郎、名倉予何人、中牟田倉之助も同じように船舶で混雑する黄浦江の姿に驚愕している。

黄浦中来船するところの蛮船百余舟。中に軍艦十四五艘も有るべし。且唐船の碇泊する幾千と云ふ数を知らず。帆檣の多きは万頃《ばんけい》の麻のごとし。（納富介次郎「上海雑記」一三頁）

右岸には西洋諸国の商船櫛比《しつぴ》し、壮観を極たり。実に支那諸港中第一繁昌なり所と聞し故、左も有べきなり。

（名倉予何人「海外日録」九九頁）

帆檣林立して前岸を望む能わず、数万の船舶江中に泊する事綿々として、我二里余に亘《わた》れり。本港の盛なる吾浪華の比に非ず。

（名倉予何人「海外日録」一〇四頁）

西洋商館が立ち並ぶ1860年代の上海の埠頭（『近代上海繁華録』商務印書館刊より）

上海滞在之洋船百艘も可有之歟。唐船は一万艘も可有之歟。誠に存外之振にて候事。

（『中牟田倉之助伝』二一九頁）

船舶数は各人各様で、若干「白髪三千丈」的表現に似たいい加減な数を並べているが、上海の繁栄ぶりを伝える表現は、どれもこれもほぼ同じである。

岩瀬弥四郎が五月十日の「上海港碇泊外航船数」を明記している。(6) 軍艦はイギリス十三、フランス三、ロシア一の十七艘、商船はイギリス五十三、フランス四十一、ハンブルグ八、支那五など合計百二十艘。他にデンマーク、スウェーデン、オランダ、プロイセン、ノルウェー、イスパニア、ロシア、日本など各国の商船で賑わっていた。

出帆した長崎も日本唯一の国際港であったが、比較するのが恥ずかしかったのであろう、比較の対象にすらしていない。浪華（大阪港）をあげているが、

「比に非ず」という。

商人の松田屋伴吉は、「世界一番」の賑やかさと表現している。欧米を知らないから、世界とは中国を指すのかもしれない。

呉淞江より上海迄五里斗之処は、唐漁舟誠に沢山、数不相知、世界一番之賑成処と相見へ。

(松田屋伴吉「唐国渡海日記」五四頁)

驚くのはおびただしい船舶の数だけではない。マスト林立の向こうには、新しく立ち並ぶ洋館が忽然と目に入る。高杉晋作は、上海城に入る手前の両岸に見える民家は日本の風景とほとんど変わらないが、租界に並ぶ各国の商館は城閣のようで、その壮大な様を筆では表現しがたい、と感嘆している。

五月六日、早朝川蒸気船来、引本船、左折溯江、両岸民家風景殆我邦無異、右岸有米利堅商館、……午前漸到上海港、此支那第一盛津港、欧羅波諸邦商船軍艦数千艘碇泊、檣花林森、欲埋津口、陸上則諸邦商館紛壁千尺、殆如城閣、其広大厳烈不可以筆紙盡也。

(高杉晋作「遊清五録」七五—七六頁)

本格的に整備されていた1880年の外灘租界街（『近代上海繁華録』商務印書館刊より）

日比野輝寛はその形容を次のように表現し、最後に一句詠っている。

各国の商館相連り、碇泊の船その多きたとへがたし。南方は連檣林立盡くる処なし。千歳丸各国の船間を走る十里余、岸を離る、里余にして下錨す。江は満抹皆船なり。陸は家屋比鱗、何ぞ盛なるや。

帆檣林立渺無辺　終日去来多少船
請看街衢人不断　紅塵四合与雲連
憶従曾有大沽患　市利網収老狒姦
休言上海繁華地　多少蕃船梱載還
（日比野輝寛「贅肬録」六四頁）

以上は、静かに黄浦江へ滑り込んだ千歳丸船上から眺めた上海の景観である。

川面に映る夜景も綺麗だったのだろう。高杉晋作は「光景、昼の如し」という。

入夜、両岸燈影泳水波、光景如昼。

（高杉晋作「遊清五録」七六頁）

宿は租界にある蘭館（オランダ領事館）附近のホテル宏記洋行であった。租界の商館附近は素晴らしい繁華街に映った。

我旅亭は即此蘭館の隣宅にて宏記と云夷国造りの家を借り羈旅《ぎりょ》とす。此処は川端にして全面の道幅八九間或は十間、江に沿て往来あり。此辺は夷人居住以来、新に町家なども建し処にて、縦横に街路を割り、道幅広く、随て街中も稍清潔なり。

（峰潔「清国上海見聞録」二七頁）

都而上海と申所は人間沢山に、而透間無之、其中に舟場は積荷揚荷に而混雑なること也。

（松田屋伴吉「唐国渡海日記」五五頁）

肩が触れ合うほどの雑踏ぶりで、とくに上海人にとっても初めての日本人であるから、物珍しい。ちょんまげ姿と帯刀姿に人だかりとなって、取り囲まれた。

日本人上陸致し候処、見物人群集り、頓と日本に先年異人婦人抔《など》上陸いたし候時と同様、歩行出来かね賑成事也。

（松田屋伴吉「唐国渡海日記」五五頁）

市井の人、（我）等を見んが為めに数百の人、門に潜りより、竊《ひそか》に群り来て我前後を取囲み、官人制するも恐る丶色なく。

（峰潔「清国上海見聞録」三一頁）

物珍しさで集まった人々をかき分け、前へ進まなければならなかった。名倉予何人は、まさに江戸の雑踏だという。

其繁華雑沓なる事、本朝江戸に異ならず。

（名倉予何人「海外日録」一〇一頁）

混沌の上海への幻滅

一見、欧米外国人による租界の建設で栄華を極めているように映った上海であったが、市中を徘徊できるようになると、繁栄の裏で苦悩する上海の姿をしっかりと認識することができた。

高杉晋作をはじめとした選りすぐられた各藩の藩士であるから、武士の教養を支えていた儒学の聖地である中国に、まだ見ぬ憧れを抱いていたのは十分に理解できる。ところが、その憧れの中国の無惨な姿に遭遇し、彼らは一様に愕然とし、一種の幻滅を深めていく。

一言でいえば、清王朝の衰退・衰微が生み出す社会的混乱と道義的堕落への苛立ち、そして西欧列強による侵略の危機にたいする清朝の無能さへの絶望感である。裏返せば、開国から倒幕に向かう日本の危機状況のもとで、幕末志士たちが抱いていた危機感から生まれる反応の一つである。

実は、一八六二年の中国は天下大動乱のまっただ中であった。すなわち太平天国の革命運動が清朝の天下を根本から揺るがしていた。中国は外にあっては西欧列強の侵略、内にあっては太平天国を中心とする各地の叛乱が、清朝の支配を弛緩させていた。まさに内憂外患である。

この変動期、中央の皇帝支配が弛緩すれば、各地は秩序を失って混乱の極致に直面する。新興都市・上海も同じであった。太平天国運動は洪秀全を最高指導者とする宗教結社による清朝打倒の革命運動であり、絶対平等を求める農民運動でもあった。しかし、それは伝統的な王朝打倒の革命運動と異なり、キリスト教をベースとした宗教結社の農民運動でもあり、いわば伝統的な儒教秩序への意義申し建てでもあった。

一八五三年、洪秀全は南京を占領し、そこに太平天国を建国し、異民族王朝の打倒を叫んだ。上海は南京の下流にあり、太平天国にとってみれば、まさに世界へ開かれる重要基地である。太平天国側は一八六二年一月から六月にかけて、第二次上海進攻を試みた(7)。

この危機にあって、清朝はみずから上海を防衛する力を喪失し、上海の防衛を新しい支配者であるイギリスやフランスの軍隊に任せた。イギリス軍、フランス軍に支援されたF・T・ウォードの「常勝軍」は太平天国の進攻を食い止めていた。

それは上海の軍事的防衛を外国軍に任せるという、いわば国家主権を喪失した異常事態を意味していた。上海は政治的、経済的には租界建設に頼っていたが、太平天国との内戦では、軍事的にも外国の軍事力に依存してしまった。

千歳丸が上海を訪れた時は、軍事的にも混乱期であった。租界は新しい躍動的な契機を生みだしていたが、上海の旧い中国人社会には、動乱からの難民が流入し、まさに無秩序な混乱を生み出していた。明らかに日本各地の城下町より混乱、退廃していた。その姿に、日本人は愕然とするのであった。租界が放つ光に比べ、そこはあまりにも惨めであった。光の影が鮮烈であったからだ。

日比野輝貴が描いた「英国兵士の図」(『「千歳丸」上海行』商務印書館刊より)

上海における街路の汚さ、上下水道の欠如など、日本の街に比べて劣る点が多かった。


徘徊街市、土人如土檣囲我輩、其形異故也、毎街門懸街名、酒店茶肆、与我邦大同小異、唯恐臭気之甚而已。

(高杉晋作「遊清五録」七六頁)

「土人」とは地元民という意味合いであるが、街並みは日本とあまり変わらなかった。ただ臭気が強烈であった。高杉晋作がいう臭気とは何か。街中に糞尿が放置され、異臭を漂わせていたからである。

上海市坊通路の汚穢なること云ふべからず。就中小衢間逕《しょうくがんけい》のごとき、塵糞堆く足を踏むに処なし。人亦これを掃くふことなし。（納富介次郎「上海雑記」一五頁）

租界は比較的綺麗であったが、一歩外に出ると、中国人の街はゴミと糞尿に埋もれていた。当時の上海では、各戸には便所がなく、屋内ではオマルで排便し、それを処理していた。なかには路上や空き地に穴を掘り、用を達していた。そのまま放置されることも少なくなかった。この無秩序な原因は一体何故か。高杉晋作は急激な近代化における貧富の差であると語っている。

上海は支那南辺の海隅僻地にして、甞て英夷に奪はれし地、津港繁栄と雖ども、皆外国人商船多き故えなり、城外城裏も、皆外国人の商館多きか故に繁栄するなり、支那人の居所を見るに、多くは貧者にて、其不潔なると難道、或年中船すまいにて在り、唯富める者、外国人の商館に役せられ居る者也。
（高杉晋作「遊清五録」一〇四頁）

豊かな外国人、貧しい中国人、このコントラストが租界と周辺の格差として映ったのである。峰潔も、急速な租界の発展が、目先の利益指向に走らせ、地道な農業を駄目にし、糞尿を肥料とする農業の伝統を失わせた結果であるという中国人の言葉を紹介している。

上海中、糞芥路に満ち、泥土足を埋め、臭気鼻を穿《うが》ち、其汚穢言を可からず。依て土人に此事を詰問せしに以前は斯くまてなかりしに夷人往来以来、上海の繁昌に従て斯く道路の不潔になりしと云。是土人目前の利に走り日傭弄を専らとし、農業を切にせず、不浄を棄て田畠の肥しに用ひざるより自然路傍の尾篭になりしものなり。
（峰潔「清国上海見聞録」二八頁）

糞尿以上に多くの日本人を困らせた問題は飲用水であった。困らせたどころか、命を落とす大問題であった。上海の水は最悪であった。それを飲まざるを得なく、下痢やコレラにかかり、合計三人が帰らぬ人となった。上海には上水道が無く、井戸も少なく、ほとんどが汚濁された黄浦江の濁水を使用するからである。

市中井戸を穿たず。只城中三四ヶ所ありと云。依て皆江水を汲て日用とす。然るに江水重濁にし直に呑むこと能わず。明礬を以て濁泥の汚物を沈め、而後漸く呑む可し。是我国の人居留難渋の第一なり。

（峰潔「清国上海見聞録」二八頁）

川流濁水、英人云、数千碇泊船及支那人皆飲此濁水、予以為、我邦人始来此地未地気、加之、朝夕飲此濁水、必多可傷人。

（高杉晋作「遊清五録」七六頁）

此度の上海行、最も艱苦に堪へざりしは濁水なり。……（黄浦に）その上に土人死せる犬馬豕羊の類、その外総べて汚穢なるものをこの江に投ずる故、皆岸辺に漂浮せり。且又死人の浮べること多し。この時コレラ病の流行盛んなりしに、難民等は療養を加ふること能はず。或は飢渇に堪へずして死する者甚だ多し。又これを葬することを得ず。故にこの江に投ずるなるべし。寔《まこと》にその景様目も当てられぬ計りなり。尚これに加ふるに、数万の船舶屎尿の不潔あり。井は上海街中纔《わず》か五六所ありと云ふ。然もその濁れること甚だし。故に皆この江水を飲む。

（納富介次郎「上海雑記」一五—一六頁）

黄浦江の濁水に明礬を加えて澄ます以外に浄化の方法はなく、それでも病人は続出した。比較的飲料水に恵まれている日本人にとって、黄浦江の濁水を飲料水にする現実は、繁栄する上海のアキレス腱のように映ったのであろう。

外国支配の危機感

上海に来て多くの随員藩士が幻滅したのは、上海防衛の名のもと、中国が外国軍に蹂躙され、多くの中国人が西洋人に畏れをなし、従属に甘んじている姿であった。いわば中国人としての誇り、伝統、主体性の喪失である。

黒船来航から始まった日本の危機意識が強い高杉晋作などは、まさに開国日本の行く末を見極めるため、先に開国された中国の視察を買って出たのである。

そこで目のあたりにした現状は、西欧列強の闊歩であり、清朝の衰退であり、植民地化されていく危機であった。まさしく、それは日本にとっても反面教師となるものであった。日本が尊皇攘夷から開国倒幕へ転換するなかで、上海訪問は一定の意義をもたらした。

まず高杉晋作は、イギリス人やフランス人が市内を闊歩すれば、中国人が避けて通る姿を嘆くとともに、それはいずれ日本もそうなるのではないかという危機感を示している。

因熟観上海之形勢、支那人尽為外国人之便役、英法（仏のこと）之人歩行街市、清人皆避傍譲道、実上海之地雖属支那、謂英仏属地、又可也、北京去此三百里、必可存中国之風、使親近及此地、嗟亦可為慨歎矣、因憶、呂蒙正諫宋太宗、以親近、不及遠、豈不宜也、雖我邦人、可須心也、非支那之事也。

（高杉晋作「遊清五録」七九頁）

「我が邦人と雖も、心すべき也、支那の事に非ず也」というのである。卑屈な中国人に幻滅すると同時に、列強の圧力のもとにある日本の危機感をつのらせるものであった。

納富介次郎は、外国人跋扈を許している中国人に詰問した。誰も反論できなかったという。

何ぞ洋人跋扈の甚しきを制せざる。これ清朝の却て外夷に制せらる、ところあらずやと。皆答ふるところなし。

（納富介次郎「上海雑記」一四頁）

具体的には、儒者であった施渭南がオランダ人を見て、畏れ身を引いて頭を下げた。この光景を見た納富介次郎はその卑屈さに相当なショックを受けたようである。

或日阿蘭のコンシュル所用ありて来り過ぐ。渭南これを見て、愕然として顔色土のごとく戦慄し立つてこれを拝す。怪しんでその故を問へば、渠《かれ》れ過ぐるとき吾を睨む。その意我儕来りて貴邦の人と談ずるを悪しむべし。尚久しくせば、恐らくはその怒りにあはんと。……かくのごとく異人を恐怖する国勢の情態、歎ずるに堪へたり。

（納富介次郎「上海雑記」一九―二〇頁）

輸入荷物を点検する中国人の間に西洋人の顔が覗く。（『近代上海繁華録』商務印書館刊より）

上海防衛の外国軍は、中国伝統文化の支柱であったはずの孔子廟を駐屯地としていた。荒れ果てた聖堂をみて、まさに中国精神が西洋に蹂躙されている象徴と映ったのである。日本人武士の多くが、その惨状を嘆いている。

到聖廟、廟堂有二、……賊変以来英人居之、変為陣営、廟堂中、兵卒枕銃砲臥、観之不堪慨嘆也。
（高杉晋作「遊清五録」八一頁）

学校は英人の陣屋となりて聖像も何処え散乱せんや影形も無く実に哀れなる形勢にて豈に大息に堪ざらんや。
（峰潔「清国上海見聞録」三〇頁）

孔子廟は、日本では儒学を講ずる聖堂であり、だから「学校」と表現した。

英人小銃を持して聖廟を守る。……豈はからんや、この堂々たる聖廟英人の住するところとなり、学校に唔咿《ごい》の声なくただ喇叭操兵の声あり。嗟《ああ》、世の変ずる何ぞ甚だしきや。李鴻章数万の兵をひきいて野外に賊を防ぐ。それ狐を駆つて虎をやしなふか。何ぞ失策の甚だしきや。

（日比野輝寛「贅肬録」一〇〇頁）

孔夫子之廟、当時別所に変じ、英人の陣所と相成居申候由、誠に可憐也。

（『中牟田倉之助伝』二二七頁）

占拠されているのは、孔子廟だけではない。中国人が住む上海城は高い城壁に囲まれ、その城門は外国兵に管理されていた。自由に出入りはできない。

西洋人え相頼、門番為致候処より、自国之城門を自国之人出入不叶様相成、賊乱之末故とは乍申、余り西洋人之勢盛なること、為唐人可憐。支那之衰微、押て可知候也。

（『中牟田倉之助伝』二二五頁）

納富介次郎も同じ思いであった。

一日城内を徘徊し日暮れに臨んで帰らんとせしに、城門既に閉ぢて往来を絶す。仏人等日本人と見て、即ち門を開けて通らしむ。然るに土人等これに乗じて通らんとするに敢て許さず。時に官人の肩輿に乗りて外より来り、仏人の制止を聞かず往かんとせし故、仏人怒りて持ちたる杖にて連撃し、遂にこれを退き回らしめし由。嗚呼清国の衰弱こゝに至る。

（納富介次郎「上海雑記」三九頁）

中国はまさに亡国に瀕しているにもかかわらず、中国人が危機意識を欠いていると、多くが嘆いている。太平天国の叛乱を自国の軍隊で鎮圧できず、外国軍に頼った不甲斐なさと、危機意識の欠如である。それが日比野輝寛の「狐を駆つて虎をやしなう」の言葉に表れている。だから峰潔は、五代十国時代、夷狄（契丹）を招き入れ、後唐を滅ぼした後晋の高祖・石敬瑭（漢奸の代表）を例に出して、外患を招くおそれを強く主張している。

按するに石敬瑭、夷狄の力を借りて終に其大患を遺す。今清国唯其力を借るのみならず、自ら其城を守ること能わずして夷狄に託す。去れば他日患を遺すこと豈計る可んや。

（峰潔「清国上海見聞録」三三頁）

中国人観の形成

多くの見聞録に流れるトーンは、総じていえば、上海を支配する西欧列強への警戒心であり、それを許している中国人への軽蔑心である。とくに当時の上海の特殊性がその感情を助長したと思われる。

太平天国運動はキリスト教を掲げていたから、伝統的な儒学文化への挑戦とも見なされ、いわば「長毛賊の叛乱」（松田屋伴吉は「長髪族」と表現）として、日本人にも否定的にとらえられていた。その鎮圧に異教徒であるイギリスやフランスに頼るとは、まさに中国文化の敗北であった。同時に、上海は戦争と動乱の時代が生み出す経済難民の坩堝であった。そこには繁栄と貧困が同時に存在していた。日本人に映った上海は、発展する西洋租界、没落する中国世界であり、その極めてクッキリ浮かぶ対照性が、日本人の中国観を形成したのであろう。

悲惨な生活を余儀なくされている一般庶民や兵卒にたいするまなざしは、哀れみを越えて軽蔑へ向かう契機を見いだすことができる。

峰潔は動乱期における食糧備蓄政策の必要性を唱えているが、その欠如が上海の悲劇を生んでいるとみなす。


上海中四方の難民群集する故、米価日々沸騰し（米百斤にて銭九貫文、日本の相場にすれば二十七貫文に当る）、其外諸品何れも高料にて下賤の者は米或は牛豕等の肉を食する能はず。今日我船に来る日雇の者を見るに恰も餓鬼の如く骨と皮斗りて一人も支躰の肥たるを見ず。

（峰潔「清国上海見聞録」三一頁）

このままでは餓死する。だが、清国官府はただ手をこまねいているだけで、無為無策だという。

按するに仁者有勇矣。若し仁者此十万の命旦夕にあるを見ば必ず憤発して是を救ん。今一人の是を哀れむなく、英仏等清国を助くと雖も亦利を是計較するのみにて真の仁心にあらず。故に此難民を見て啻《た》だ救ざるのみならず、時に或は此を凌辱し少しも哀憐の情なし。嘆息に堪へざらんや。（同前、三三一頁）

混乱の責任は「真の仁心」を持たない官僚である。峰潔には、単なる「嘆息」にとどまらず、中国庶民を凌辱する中国官府の無策への凌辱がにじんでいる。だから次のような言葉が発せられる。堕落した中国知識人とは違った日本武士みずからの優越性を誇示するためである。

上海の陣屋に到て其兵卒を見るに士兵にて敝衣《へいい》、垢面、徒跣《とせん》、露頭、無刀。皆乞食の如く一人の勇あるを見ず。斯の如きは我が一人彼の五人に敵せん。若し一万騎の兵を率ひて彼を征せば清国に縦横せん。（同前、三三〇頁）

一騎当千の意気込みを語るものであるが、いわば中国兵卒にたいする軽蔑的侮辱表現は、明治期から始まる日本の大陸政策の精神を彷彿させるものである。
さすがに高杉晋作は、中国の衰退は国策の誤りとみなす。

支那之衰微者形勢略記に中候通候、然るに如此衰微せし者何故そと看考仕候に、必竟彼れ外夷を海外に防ぐ之道を知ざるに出し事に候、其証拠に者、万里之海濤を凌ぐの軍艦運用船、敵を数十里之外に防ぐの大砲等も制造成さず、彼邦志士之訳せし海国図志なども絶板し、徒に僻気象（固陋之説）を以唱へ、因循苟且、空しく歳月を送り、断然太平之心を改め、軍艦大砲制造し、敵を敵地に防ぐの大策無き故、如此衰微に至候事也、夫故、我日本にも、已に覆轍を蹈むの兆有れ者、速に蒸気船の如き。（高杉晋作「遊清五録」八五頁）

だから高杉晋作は日本も外圧の危機に直面し、中国の轍を踏まないように、守旧派を打倒し、強力な海防策を講じる必要性を痛感した。
あまりにも荒廃する上海の中国人世界をみて、中国にたいする一種の憧憬は薄れてきたようである。名倉予何人は中国の現状を比較的淡々と紹介しているが、その他の武士連中は随所に、外夷に凌辱されている中国への憐れみから、糾弾、絶望、そして侮辱へエスカレートしていく様を読みとることができる。それは中国にたいする日本の優越性の強調にもみることができる。

一日施渭南と云ふもの来り、詩を賦して扇面に書す。詩中納貢の事と蛮王云々の句ありければ、会津侯の藩臣林三郎勃然として大いに怒り、即ちその扇を抛《なげう》つて曰く、我神国の天皇は万古一系革命有ることなく万邦に比すべきなし。豈汝が北虜王の類ならんや。憎き腐儒生甚だ以て無礼なりと云ふ。

（納富介次郎「上海雑記」一九頁）

伝統的な中華と夷狄の華夷秩序のもとでは日本は東夷である。中国人からみれば、天皇は当然ながら東夷の「蛮王」にすぎない。ところが万世一系の天皇は「北虜王の類」とは違うという。北虜王とは、満州族出身の清国皇帝を指すのかどうか不明であるが、そうであれば尚更の事であるが、天皇は中国皇帝を凌駕する存在であると強調したことになる。

倒幕の尊皇攘夷派と対立する会津藩の藩臣の怒りだけに興味を引かれるが、「神国天皇」を特殊化する国家意識の表れはこの時からすでに濃厚であった。それが転じて中国を蔑視する契機になる兆候をここにみることができる。

最近中国で出版された馮天瑜の研究書も同じような結論を出している。

藩士たちはかつて「文化の母国」として崇めていた心理が、現実を目のあたりにすることで、動揺しはじめた。彼らが会った中国人は気概を失い、言動も自らを卑下し、藩士たちに軽蔑心理を引き起こした。……

上海を初めて訪れた日本人が抱いた総体的な印象は次の通りである。広大な土地と民、悠久の文化伝統を有する清国は、すでに国勢が衰微し、民の気力も低迷してしまった。洋々たる大国は昔日の輝きが色褪せ、かくのごとく没落してしまった。西欧列強に凌辱され、割愛されたのは、すべて鎖国で自らを閉じ、民の気風は閉塞し、政治は腐敗したからである。

だから「上海行きで直接視察して得たものは『開国は急がなければならない』『弊政の改革は急がなければならない』という感想であり、それはまことに真実であった」という。さらに「清国内政外交の衰微は、日本藩士に往年の中国への尊敬を軽蔑の心理に変え、武士文化のなかに深く秘められていた対外拡張性を発酵させた」と結論づける。(8)

武士文化の真髄が対外膨張性にあると断定するのは短絡的であるが、上海視察が①亡国の危機感をつのらせ、幕末の開国・改革に走らせる一助となったこと、そして②中国蔑視の芽を育んだということは、妥当な指摘であろう。

注

1 岩瀬弥四郎「文久酉戊上海記録」県立長崎図書館蔵、七頁。

2 千歳丸に関する日本の主要な研究は次の通り。

宮永孝『高杉晋作の上海報告』新人物往来社、一九九五年。

春名徹「一八六二年幕府千歳丸の上海派遣」『日本前近代の国家と対外関係』吉川弘文館、一九八七年。

沖田一『日本と上海』大陸新報社、一九四三年。

古賀十二郎「文久二年徳川幕府が初て官有商船千歳丸を長崎より上海へ渡航せしめた英挙に就いて」『長崎と上海』大阪朝日新聞長崎販売所出版部、一九二三年。

また、中国では次の二点が刊行されている。

王暁秋「幕末日本人怎様看中国――一八六二年『千歳丸』上海之行研究」『日本学』第一輯、北京大学出版社、一九八九年。

馮天瑜『「千歳丸」上海行――日本人一八六二年的中国視察』商務印書館、二〇〇一年。

3 高杉晋作「遊清五録」『東行先生遺文』民友社、一九一六年。奈良本辰也監修、堀哲三編集『高杉晋作全集』下巻、新人物往来社、一九七四年。頁は『東行先生遺文』より。

中村孝也『中牟田倉之助伝』中牟田武信、一九一九年。

納富介次郎「上海雑記」、日比野輝寛「贅肬録」「没鼻筆語」(以上は『幕末明治中国見聞録集成』第一巻、ゆまに書房、一九九七年。また『文久二年上海日記』全国書房、一九四六年、にも集成。ここでは、ゆまに書房版の頁を参照)。

名倉予何人「海外日録」「支那見聞録」、峰潔「船中日録」「清国上海見聞録」、松田屋伴吉「唐

国渡海日記」(以上は『幕末明治中国見聞録集成』第十一巻)。長崎商人の松田屋伴吉の記録は、県立長崎図書館に「唐国渡海日録」が別に存在する。筆書きの「日録」であるが、活字化された「日記」と比べれば、一致するところも多く、同時に「日記」にはない項目も多い。写本が異種を生んだのであろう。ここでは「日記」版を使う。

岩瀬弥四郎「文久酉戌上海記録」県立長崎図書館蔵。

4 熊月之主編『上海通史』第二巻(古代)、上海人民出版社、一九九九年、八一頁。

5 史定梅主編『上海租界志』上海社会科学院、二〇〇一年。徐公粛・丘瑾璋「上海公共租界制度」『上海公共租界史稿』上海人民出版社、一九八〇年。

6 岩瀬弥四郎「文久酉戌上海記録」

7 太平天国と上海については、英字新聞"North China Herald"の太平天国軍の関連記事を編纂した『太平軍在上海——《北華捷報》選訳』上海人民出版社、一九八三年を参照。

8 馮天瑜『「千歳丸」上海行——日本人一八六二年的中国視察』前掲、二九九—三〇〇頁。

北洋艦隊水兵と長崎警察官の殺伐たる争闘

相互不信と異なる認識

日清戦争が始まる八年前の一八八六（明治十九）年八月、長崎に上陸した中国（清国）艦隊の水兵が、日本の警察官と衝突（最初は喧嘩）し、遂には双方が斬りあいとなる暴動へエスカレートし、その騒動に長崎住民も加わり、同時に長崎華僑も関わって、「皎々《こうこう》たる月夜に凄惨《せいさん》な白兵戦が展開された」（『長崎県警察史』上巻、長崎県警察本部、一九七六年、一三七六頁）。双方で合計八十名の死傷者を出すという大惨事であった。いわゆる「長崎清国水兵暴動事件」（長崎港清艦水兵喧闘事件、あるいは長崎事件(1)）である。

当然ながら両国関係を揺るがす国際事件となり、両国代表が政治交渉を重ねたが、解決は翌年二月までかかったほどの、難航した事件であった。

難航した最大の理由は、暴動事件の経緯、原因などについて、双方の認識が大きく異なっていたからである。日中両国は互いに非は相手方にありと譲らず、国家の面子をかけて争った。現在からみれば、かなり単純な武力衝突事件が、なぜかくも複雑に入り組んでしまったのか。

実は当時、既に日本と中国の国家関係は険悪なムードが漂い始め、相互不信が芽生え、その不信感が事件の相互認識を異ならせることとなった。

本論の目的はその外交交渉を明らかにすることではない。[2] 暴動事件の事実認識について、双方がいかに異なっているか、その食い違いを詳細に検討するものである。そこに日本と中国の相互認識、相互イメージの食い違いが存在し、近現代における中国の日本観、日本の中国観を知る一助となると考えられるからである。

検討する分野は、①当時の新聞（長崎の地元紙、英文新聞、上海の中文新聞）に見られる報道記事の違い、②政府当局者（伊藤博文首相や井上馨外相から日下義雄長崎県知事、林誠一長崎検事長、そして中国側の外交担当者である李鴻章直隷総督・北洋大臣、徐承祖駐日公使、蔡軒駐長崎領事、艦隊を率いていた丁汝昌提督など）の主張の対立、などである。その違いを通して、日中間の相互認識のズレ、および近代日本における中国蔑視観の形成を検討してみたい。

北洋艦隊のデモンストレーション

アヘン戦争以来の相次ぐ敗北で、中国海軍の強化を痛感した李鴻章は、イギリスやドイツから大型軍艦を購入し、北洋艦隊を創設した。そしてその威風堂々とした艦隊の威力を誇示するため、ロシア、朝鮮、日本での示威巡航へ出かけた。北洋海軍提督の丁汝昌は李鴻章の命を受けて、装甲戦艦の定遠、鎮遠、巡洋艦の威遠、済遠をはじめ、超勇、揚威の六隻を従えて、朝鮮の釜山、元山からロシアのウラジオストックを回り[3]、そのうち定遠、鎮遠、威遠、済遠の四隻が修理の名目で長崎に入港した[4]。

定遠、鎮遠はいずれも七〇〇〇トンクラスの大型戦艦で、当時の日本の艦隊は最大で四〇〇〇トンクラスしかなく、北洋艦隊は紛れも無く東洋一の大艦隊であった。李鴻章は前年、「凡そ敵国に甲鉄艦あれば、我国も甲鉄艦を以てこれを防禦する」（李鴻章「籌議購船」『李鴻章全集』、第六冊、三三三八頁）といい、艦船購入に意欲を燃やしていた。特に朝鮮半島の支配権をめぐって、事実上の支配権を有していた中国は、ロシアと日本が朝鮮を呑みこむのではないかと警戒していた[5]。またイギリスが朝鮮の巨文島（巨磨島）を占拠し、香港化されるのではないかと、緊張関係にあった[6]。

こうした朝鮮半島をめぐる緊張関係を戚其章は次のようにまとめている。

清仏戦争後、朝鮮半島が国際紛争の焦点となった。日本は開化党を操って甲申の変（一八八四年十二月）を起し、一挙に朝鮮を支配しようと思った。ロシアは虚を突いて韓国を誘い、二度の密約（一八八五年初頭と一八八六年の夏）を結んだ。イギリス軍は巨文島を占拠し（一八八五年四月）、ロシアの南下を阻止しようとした。清朝はその間隙をうまく立ち回ることに手こずった。しかし日本はロシアの勢力拡大を警戒し、朝鮮がロシアに支

1886年、丁汝昌率いる北洋四艦が長崎を訪れた際の「定遠」外観の様子
(『中国近代海軍史事日誌』三聯書店より)

配されて、日本が不利になることを恐れ、態度を変更した。韓国での活動を少し縮小し、同時に中国を仲間にして朝鮮の人事や政治は中国の主導に任せると提案した。ここで李鴻章は一大チャンスとばかり、韓国にたいする多くの主導権を発揮した積極的措置を採用した。

(戚其章『晩清海軍興衰史』二九〇頁)

だから今回の北洋艦隊巡航は、そうしたロシアや日本、イギリスに対するデモンストレーションであった。朝鮮内部では中国の支配に反発してロシアに保護を要請する動きがあり、李鴻章はその策動を粉砕するため、長崎に入港した丁汝昌提督に対し、事件後も早く定遠、鎮遠を朝鮮の仁川に派遣するよう要請している(7)。

長崎寄港は、単なる艦船の修理が目的ではない。日本に対する政治的軍事的圧力を加えるためである。その意図に対して、日本側の反応はどのようなものであっただろうか。

当時の外務省は次のようにその意図を解釈していた。

独逸に注文せし砲塔甲鉄なる定遠の如き、鎮遠の如き、何れも七千四百三十噸の姉妹戦艦にて、済遠の如きは巡洋甲鉄二千三百五十五噸の戦艦にて、何れも其頃、東洋に於ては観るに稀なる者なりしを以て、再三不平の余り平生日本を貧国なりなどと云ひ居たる李鴻章は、想ふに蓋し一の考を運らせしならん。曰く、我中国の海軍は以て日本に観して、之を慴伏《しょうふく》せしむべしと。

（「長崎事件」『外交文書』明治年間追補、第一冊、四四七―四四八頁）

李鴻章の目的は、巨大艦隊を送り込んで日本人を「慴伏」（恐れ慄かす）させることであったとみなした。艦隊を見た長崎の人々は本当に恐怖感を抱いたのであろうか。「それはわが国に対する一種のデモ行為であったが、山のような甲鉄艦が港内を圧して投錨した姿は、市民に恐怖の念を抱かせた(8)」という指摘もあるが、当時の地元新聞では、次のように記されている。

当港碇泊の清国軍艦は北洋水師の中に在りても、最も雄壮の聞え高き定遠、鎮遠、済遠、威遠の四艦にして、各艦は数多の水兵を搭載し、軍容極めて盛なるより、乗組の水兵等は之を恃《たの》み、上陸市街を徘徊するにも甚だ横風にして動もすれば、邦人を陵轢するの状あり。我警察官は勿論、一般市民に於ても成るべく忍受して、其高視闊歩を容るせし。

（「鎮西日報」一八八六年八月十七日）

やはり何がしの威圧を感じていたのであろう。巨大軍艦の「軍容」に威圧感を抱いたのか、それとも巨艦を恃みに「高視闊歩」する水兵に「忍受」せざるを得ない脅威を感じたのだろうか。そうであっても、水兵の傍若無人さに対する反発も生み出し、その複雑な感情が爆発して騒動にまでエスカレートしてしまった。巨大な艦隊も、李鴻章が期待するように単純に「慴伏」させることは出来なかった。むしろ反発を生み出す逆効果をもたらしたともいえようか。

喧嘩殺戮事件の概要

まず暴動事件の概要を客観的に記述しなければならない。しかし、これがなかなか簡単ではない。日中両国の新聞報道が事実認識で異なり、行政当局の報告も異なっているからである。その違いは、後で詳細に紹介するとして、基本的な事実認識をしなければなるまい。日本には、様々な行政機関、関係者による多くの報告書が存在する。まとまった概要報告書としては、伊藤博文公編『秘書類纂・兵政関係書類』に次の報告書が残されている。

①「長崎事件第三報」[9]（羽野知顕長崎始審裁判所検事から山田顕義司法大臣宛）

②「林長崎控訴院検事長より司法大臣へ報告」[10]（林誠一長崎県控訴院検事長から山田顕義司法大臣宛）

③「上申書」[11]（田川基明長崎警察署長代理、小野木源次郎梅香崎警察署長から日下義雄長崎県知事宛）
④「第二回上申書」[12]（小野木源次郎梅香崎警察署長から日下義雄長崎県知事宛）
⑤「清国水兵暴行の顚末再応上申」[13]（田川基明長崎警察署長代理から日下義雄長崎県知事宛）
⑥「清国水兵暴動顚末書」[14]（池上三郎長崎県控訴院検事から林誠一長崎県控訴院検事長宛）
⑦「意見報告書」[15]（堀池常作長崎軽罪裁判所検事補）

また後日、全貌をまとめたとされるものとしては、次の記述がある。

⑧「長崎事件」[16]（『外交文書』明治年間追補）
⑨「長崎の清国水兵喧闘事件」[17]（『世外井上公伝』）

関係者の回想としては、次が参考となる。

⑩「明治十九年清国水兵暴行事件顚末覚書」[18]（山口林三郎元長崎始審裁判所翻訳局主幹）

①〜⑦は、事件直後の報告書であり、精査されているものではない。全貌を語るものとして、最も簡明で情緒的でない解説は、井上馨の伝記⑨の文献と考えられるので、それをまず紹介する（傍線と番号は著者）。これら数多くの報告書をもとに整理したものと考えられるからである。もちろんあくまで日本側の立場に立った記述である。

事件は、前哨戦としての八月十三日と、大混乱となった八月十五日に分かれる。

その十三日の午後八時頃、清国水兵五名が長崎寄合町貸座敷楽遊亭に来り、①配妓のことから事端を起し、楼主が懇篤に来遊を謝し百方事情の諒解に力めたが、水兵等は言語不通のためその意を解せず、押問答となり、遂に手当り次第に家具を破壊した。楼主は驚いて急を丸山巡査派出所に訴へた。巡査は直ちに出張して乱暴をしてゐる水兵を鎮め、その中の主として暴行を働いた水兵二名を引致しようとしたが、彼等はそれに応ぜずに逃去つた。次いで九時に至り、清国士官一名、水兵十四名の一団が右の巡査派出所の前に来り、盛んに②巡査を嘲笑した。その一団の中に嚮の暴行水兵も混つてゐたので、巡査が之を捕縛しようとして力争し、頭部に二刀を受けながら、逃げ行く水兵を追うて之を捕へた。依て同夜十一時、警部田川基明は清国領事館にこの暴行水兵を引渡した。この水兵も捕縛される際に、二箇所の軽傷を負うたので、長崎病院に入院させることにした。翌十四日、長崎駐剳《ちゆうさつ》清国領事蔡軒は長崎県知事日下義雄を訪うて、負傷水兵の治療について交渉があつたので、日下知事は昨夜の事件はよく有勝ちのことなれば、将来水兵の監督を厳にし、③多人数の水兵上陸を止められたいと申入れ、事件は一旦解決する運びとなつた。

（「長崎の清国水兵喧闘事件」七二〇―七二一頁）

以上が十三日の概要である。次は十五日の大騒動である。

越えて八月十五日に至り、③清国各艦の水兵が朝から陸続上陸し、その数四百五六十人。市中を徘徊し、殊に清国の料亭がある広馬場町には、群をなして飲酒放言してゐた。そして午後八時半頃より、④挙動漸く狂暴となり、巡査に侮辱を加へる有様であつたので、警察署では巡査を増員して、その警備に当らせた。然るに④水兵等は巡査を揶揄し遂には警棒を奪はうとしたので、巡査が之に抗争した。すると隊をなし喊声を揚げて之を包囲し、⑤棍棒・日本刀・仕込杖等の兇器をもつて乱打し、遂に巡査一名を突刺し、一名に重傷を負はせた。この急報に接して梅香崎署では之を清国領事に報告すると共に、数名の巡査を現場に派して鎮定させようとした。狂暴な水兵等は、巡査の来援あると見るや、亦之に対して殴打斬傷を敢へてし、且つ⑥付近の市民に対してすら危害を加へる有様であつた。雇外人ドールが之を制止しようと力め、清国領事館派遣の属員が抑制に奔走したが、無益であつた。署長小野木源次郎は巡査を配置して清水兵の警察署襲撃に備へ、亦水上警察署長と会して⑦陸海の交通を遮断して在艦水兵等の応援によつて事を大ならしめる虞を除き、又長崎警察署の応援、⑥市民の助勢を得て、激闘の後漸く清国水兵を撃退し、夜十一時頃に至つて鎮圧することを得た。この際死傷したものは、我が巡査三十一名、清国士官水兵五十名であつた。

（同前、七二一―七二二頁）

もちろん日本側の見解の整理であるから、中国の主張とは異なるところが多い。だがまずはこの文章をもとに、更に詳細に検討していきたい。

検討すべきことは、下線を記した次の点である。

①発端となった遊郭でのトラブルは何であったか。

②派出所でのトラブルはどのようなものであったか。「嘲笑」とは何か。

③多人数の上陸が止められていたのに、何故多くの水兵が上陸したのか。

④上陸した水兵は何をし、秩序はどのようなものであったか。「侮辱」「揶揄」とは何か。

⑤相互に死傷者がでたが、最初から水兵や警察官は武器を所有していたのか。

⑥この騒動に市民はどのように関係していたのか。

日本側の報道と主張

遊郭でのトラブル

まず最初のトラブルについて検討する。「鎮西日報」は次のように第一報を掲載している。

「一昨夜黄昏頃、一群の水兵、寄合町の青楼新油屋に到り、推揚《おしあ》がらんと望みたるを、断はられたりとて暴行に及び、手に余りしかば、新油屋にては直にその趣を巡査派出所に告げ、出張を乞ひたり」(「鎮西日報」一八八六年八月十五日)

最も詳しい調査報告書は、①の八月十四日、長崎始審裁判所検事・羽野顕より司法大臣伯爵

・山田顕義宛である。

明治十九年八月十三日午後六時頃、清国軍艦水兵五名、当長崎区丸山寄合町貸座敷営業中村新三郎方へ来り。各娼妓を見て指名し、後刻来るべき旨を約束し、一時食事の為め立去りたる後、又他の清国水兵五人、同人方へ来り、娼妓を出せとの求めありたれども、楼主新三郎は娼婦の応ずべき者なきを以て、其旨断り及ぶも聞入れず。楼主に於て其談話中、先に約束せし水兵、楼に上り来り、各娼妓を延《ひき》て室に入りし処、他の水兵等之を見て大に怒を発し、後客の求めを容れて先客を擯斥《ひんせき》すげは不当なりと云ひ、携ふ所の日本刀（此刀は古道具屋より買求め所持し居りたるものならん）鞘の儘にて襖を破り、又煙草盆を投出し、竹床を破毀し、暴行を極むるを以て、楼主は警察官の保護を請はんと欲し、階子を下らんとするに、一名の清国人、日本刀を携へ、其下り口に立塞がり、通行せしめざるを以て、楼主は不得止、楼上西窓より屋根伝へに裏口に下り、之を長崎警察署丸山派出所に訴出たるを以て、詰合巡査黒川某直に其貸座敷に至り、説諭して取鎮めんとするも言語通ぜず。

（「長崎事件第三報」一六―一七頁）

長崎の丸山町、寄合町は、江戸の「吉原」、京の「島原」とならぶ日本三大遊郭として有名な遊郭「丸山」があったところである。明治以後は「貸座敷」といわれたが、当時も公認の売春宿であった。長崎の英字新聞"The Rising Sun"は"the licensed brothels in Yoriai-machi"[19]と表現している。店の名称は「貸座敷楽遊亭」「青楼新油屋」「貸座敷営業中村新三郎方」と食い違いがあるが、同じところであろう。ちなみに「青楼」とは遊郭の意味である。五名の水兵が遊女を買いに来たところ、先客の予約で遊女が足らず、断られている最中に先客の仲間が座敷に上ったので、言葉が通じず事情が分からない水兵が怒って暴れたという単純な騒動である。

鎮西日報

北洋艦隊水兵と長崎警察官との乱闘を報じた「鎮西日報」(1886年8月17日付)

丸山派出所でのトラブル

問題はその後で、暴れた水兵が仲間を引き連れ、丸山地区にある派出所を訪れ、警察官と斬りあいになったことである。「鎮西日報」は次のように伝えている。

八時半頃に至り、五六名の水兵各刀を携へ、派出所の前に立ち、何か私語《ささやき》つゝ、巡査を指さしたるに付、黒川氏は何事ならんと派出所を出でたるに、水兵は理不尽にも携へたる刀を抜き、黒川氏の頭上真向に切付けたり。黒川氏は切られながら進みて、その白刃を握り手に傷を受くるをも意とせず、これを奪取りたり。水兵は此勢に恐れ逃出したるに付、黒川氏は奪得たる刀を抛げ棄て、直にその跡を追ひ、船大工町にて追付き、押留めたるに、水兵は尚も逃がれ去らんとし、他の同伴水兵はこれを助けんとせしより、揉合を惹起せしが、終に本人を捉得て、長崎警察署へ拘引したり。この揉合中如何しけん水兵の頭上にも一箇處の疵を受けたりといふ。該水兵の名は黄発といふ者の由。この報を聞伝え二百名余の水兵、黄発を取戻さんと警察署の門前に群衆し、喧雑一方ならざりしが、上官の制止に依り、漸く散帰したり。

（「鎮西日報」一八八六年八月十五日。ここでいう「黄発」とは「王発」の間違いである）

「井上伝」では、巡査を嘲笑した水兵のなかに先の騒動兵士がいたので捕まえようと揉み合いになり、そこで傷ついたという。ところが新聞報道は最初から「理不尽にも携へたる刀を抜き、黒川氏の頭上真向に切付けたり」とある。先の羽野報告によれば、次の通りである。

彼の清国人は日本刀（脇差一尺四五寸許）を抜き、閃めかしたるに依り、巡査は左手にて之を取押へんとし、刃に触れ拇指の際を傷けたり。此時、彼の清国人は其刀を引き、直に一刀を巡査の額部に斬付け、又一刀を頭部に加へたり。巡査は重傷を負ひながら組付、其刀を取揚げたれども血液眼中に入り、少しくひるみたるを以て、兇行者は二十間許逃去りたるを尚追跡し、船大工町薬種屋の前に於て之を押へ、双方地上に倒れ居る処へ、長崎警察署巡査二名応援に来り（人民の報告により駈付け来りしもの）遂に其兇行者を差押へ、長崎警察署へ引渡し、其夜直に清国理事へ交付せり。

（「長崎事件第三報」一七―一八頁）

「嘲笑」とは、脇差をちらつかせて、黒川小四郎巡査を脅したのであろうか。この水兵は王発といい、その後、取り調べに応じている。それによれば、王発が傷ついたのは巡査が抜いた刀によるという。日本側の報告では、王発が購入した日本刀で自傷したとあるが、食い違いがある。供述は次の通りである。

巡査が腰刀を抜き、切付けたるとき、手を以て支えたる砌《みぎり》、受けたる傷なり。……手を以て支へたるとき、反す刀にて直に頭部に切付けられたり。

（「清国水兵王発の口供」伊藤博文公編『秘書類纂・兵政関係書類』、九頁）

長崎のイギリス領事 Euslie によれば、いろいろと噂が飛び回っているが、確かなことは十三日の些細な騒動に源を発しており、騒動を止めに入った警察官に対し、"the Chinese suddenly attacked him with a Japanese sward."[20]と記している。中国水兵が日本刀で切りつけたという報告である。

上陸自粛と多数の水兵上陸

十三日のトラブルを受けて、十四日午前、日下義雄長崎県知事は蔡軒領事と再発防止を話し合い、丁汝昌提督も多数の上陸自粛を了解したといわれる。二人の話し合いの記録は次の通りである。

日下部義雄長崎県知事「然れども、如此小事を以て両国の交誼に痛痒の感を及ぼすことあるべからず」蔡軒領事「尤《もっと》も然り。……既に丁提督と商議し、水兵等多数の上陸を禁じ、若し上陸せしむる際は、成るべく少数を要し、且つ之れに監督士官を付することに決したり」(「日下長官清領事蔡軒氏と談話始末の要領」同前、一四―一五頁)

ところが、日曜日の十五日、四百名を上回る水兵が長崎市内に上陸した。これはなぜか。中国側が一方的に約束を破ったのか。実は、艦隊内部で意見が分かれたようである。

九月二十六日に行われた井上馨外務大臣と徐承祖清国公使の談話で、その事情が紹介されている。徐公使は次のように答えている。

> 十五日の日曜日なるにも係らず、水兵を上陸せしめざる事に決意せしも、副提督ラング氏に於て、日曜日に水兵を上陸遊歩せしむるは、水兵の健康を保つ為め必要にして、且万国の慣例に合し、且十三日の事変の為めに、水兵の上陸を禁するは、弱点を日本に示す様に見ゆれば、是非上陸せしめんと、丁提督を説きしが故に、遂に十五日に多数の水兵を上

陸せしめたる訳にて、全くラング氏の意に出候。（「長崎に於て清国水兵暴行一件」五三八頁）

これによれば、丁提督は約束通り上陸を禁じたが、副提督のラングが水兵の健康上の理由などで、あえて上陸を許可した。しかし、この事件が発生し、ラングは「従来清国政府に於て得たる功労を減却し、甚だ面目を失ひたる」（同前）という。

この上陸に関し、一般水兵を監督する憲兵はいたのであろうか。蔡軒領事は「監督士官」を付けると約束したが、憲兵はいなかったという報道もある。

「日曜日の午後、四百人余りの水兵が上陸した。しかし彼らを監督する憲兵は誰も居なかった」（"The Rising Sun & Nagasaki Express "August 21,1886.）

丁汝昌（1836-1895）（『中国近現代名人図鑑』湖南人民出版社刊より）

八月十五日の暴動

第二ラウンドとして繰り広げられた大喧嘩は、ついに大量殺戮へと発展した。十五日午後八時ごろから騒動が始まり、約三時間も繰り広げられた。場所も「初め広馬場町に起り、次に梅香崎町、船大工町、本籠町及ひ思切橋近傍、本石灰町」（「清国水兵暴行の顛末再応上申」八七頁）にまで広がった。

十五日の一部始終について「鎮西日報」はたびたび報道している。取材を重ねるうちに新たな事実が判明したからであろう。八月十七日の記事は二つあり、「清国水兵大に長崎市外を擾乱へ」「清国水兵の大乱暴」と題して、既に清国水兵を「暴兵」として一方的に非難している。

この日、清国水兵は夥多《あまた》上陸し、市中處々徘徊をし、その一群は午後八時過ぎ広馬場町の飲食店に集ひ居たるが、群中の三名店を立ち出で、同所立番巡査の傍に来り、種々の形容をなして侮辱を加へ、甚だしきは頭を摩し、鼻を弄するに至り、その挙動甚だ穏かならざれば、巡査は直ちにその趣を梅香崎警察署に急報せしめたり。同署にては此報を得ると斉しく取敢へず詰合の巡査数名を現場に派遣せしに、右巡査が立番所に達せんとする時恰も清国水兵は哄《こう》を作り、或は日本刀、或は仕込杖を以て打て掛り、忽ち一名の巡査を切倒し、この勢いに乗じて直ちに梅香崎警察署の方に向て進行し、既に門前に押寄せしが、同署の警部巡査は既に準備をなしたるを以て、力拒してその鋒を挫きたり。暴兵は同署の既に備えあるを見て却退して広馬場を過ぎ、転じて本籠町より船大工町の方へ向ひしが、此時長崎警察署もまた既に巡査を派遣し、本籠町に駛行《しこう》する途中に在て双方丸山町の入口に出会いせぬ。巡査は傍に在合ふ人力車を引出して並列し、これを盾にして暫が間揉合ひしが、水兵は追々馳加はり既に三百名以上に登り、種々の獲物を以て劇しく進撃しければ、巡査は小勢なるがため勢ひ支へずして本石灰町へ退き、思案橋を保ちて力拒せり。先之警察署にては事の容易ならざるを察して、近傍各町に伝呼し、戸を閉ぢ店を鎖ざせしめられしが、今市民は事の急なるを見て、各棍棒、刀剣の類を携へて来集し、巡査も大抵サアベルを得て、暴兵と戦ひたり。此時に及びては暴兵は猖獗《しょうけつ》益々甚しく、誰れ彼れの差別なく切り廻り、其勢当る可らざるに至りしが、市民の激昂も亦一層烈しくなり、大呼して群る。暴兵の中に打入りしがば、流石の暴兵も遂に辟易して追返されたり。双方の死傷、最も夥だしかりしは此時なりといふ。(21)

(「鎮西日報」一八八六年八月十七日)

ただし、十五日における発端となったトラブルは警察官と長崎在住の華僑とであった。それに水兵が加担して、一気に拡大した。林誠一長崎控訴院検事長の報告は次のようにいう。

午後八時過に至り、……或る清国人居宅より居留清国人と覚しき者一人突出し、無法にも巡査の警棒を奪はんとす。巡査は之を酔狂の所為と見做し、敢て意とせず、三人共立番所の方へ去らんとする際、俄然右清国人居宅より二十名ばかりの清国水兵駈出て、矢庭に巡査に迫り、拳を以て撃掛けたり。巡査之を防ぐも、水兵の乱撃甚だ急なるが故に、遂に力尽き二人は其場に倒れ、復た起つ能はず。

(「林長崎控訴院検事長より司法大臣へ報告」五〇―五一頁)

長崎警察署、梅香崎警察署の両署長の上申書も同じように指摘する。

突然一名の清国人（水兵にあらず居留民ならん）立出で、巡邏巡査の携棒を奪はんとし、或は暴行を為さんとする……俄然同町堂に在りたる二十名余の清国水兵及同地の店舗にありし同水兵等数十名立出で、右暴行の清国人を援け、棒或は拳を以て殴ち掛るを、三名の巡査は正当に防衛するも、遂に清国水兵等は刀剣を振つて一名の巡査を斬殺し、且二名の巡査は乱撃甚だ急なるを以て殆んど身体の自由を失ひ居る……。
（「上申書」七四頁）

酒に酔った華僑の一人が巡回中の警察官に絡みつき、それを見ていた水兵が酒場から駆けつけ、騒ぎが大きくなったのである。偶発的契機が大きそうであるが、「鎮西日報」は、はなから十五日の事件に不満を持つ意図的な報復行為であったと決め付けている。

無法の水兵は茲に遺恨を含みたりけん。一昨十五日は日中より数多く上陸し、或は十人或は二十人団を結ひ隊を組みて市街を横行したるが、午後八時頃に及び一群の水兵端なく広馬場に於て立番の巡査に向ひ侮辱を加へたる上、携へたる刀を抜放ちて之を斬殺し……。
（「鎮西日報」一八八六年八月十七日）

これらを見ると、新聞報道のほうがセンセーショナルで、警察報告のほうが比較的客観的である。

武器の携帯について

死者、負傷者の数は、次頁の表の通りである。(22)

死者七名、重軽傷者七十四名にのぼる大惨事であるから、さぞかし壮烈な市街戦が繰り広げられたと想像されるが、その武器は何であったか。銃器が使用された形跡が無いので、多くはサーベル、刀剣であっただろうか。それにしても疑問が残る。

警察官と上陸水兵の衝突であるが、数の上で警察官はとても少なく、四百名を越す水兵のほうが圧倒的に多かった。しかし、死傷者は逆に中国側が圧倒的に多い。狂暴だったのは中国兵士の方であろうか。また基本的には中国水兵は帯刀して上陸することが許されていなかった。本当に「暴兵」として中国兵は抜刀して暴れまわったのだろうか。

<table>
<tr><th></th><th>即死</th><th>後に死去</th><th>重傷</th><th>軽傷</th><th>合計</th></tr>
<tr><td>梅香崎警察署</td><td>一名</td><td></td><td>三名</td><td>十八名</td><td></td></tr>
<tr><td>長崎警察署</td><td></td><td>一名</td><td>二名</td><td>六名</td><td></td></tr>
<tr><td>日本側合計</td><td>一名</td><td>一名</td><td>五名</td><td>二十四名</td><td>三十一名</td></tr>
<tr><td>清国側</td><td>四名</td><td>一名</td><td colspan="2">四十五名</td><td>五十名</td></tr>
</table>

死者、負傷者数

まず中国水兵の武力と日本警察の武力を比較してみたい。

北洋艦隊の兵士は、騒ぎを起すことを恐れて、丸腰で上陸した。但し士官クラスの多くは帯刀していたことが報告されている。だが長いサーベルではなく、短刀のようなものであった。水兵が警察官を脅した時も、それは「ハーカ」といわれる小刀（ナイフ）であったという証言も多い(23)。

もちろん、中国水兵が日本刀で警察を切りつけたという記事や証言も多い。では、丸腰の水兵がどうして日本刀を手に入れたのか。「鎮西日報」では次のように説明している。

暴兵が把《と》て闘ひたる兵器は、多くは日本刀、仕込杖、鎗、棍棒にて、其日本刀は五六日来市街を徘徊する間に追々骨董店抔に就て購入したるものなり。既に事の発する二三時間前にも急遽の有様にて、刀を探がし廻はり居たる水兵あり。旁《かたが》た察するに、この大乱暴は偶然に起りたることに非ずして、全く去る十三日の一件を遺恨に思ひ、その報復を企てたるものに相違なきが如し。水兵は平生剣を帯びず。骨董店にて刀剣を売りたるは、真に所謂寇に兵を假したるもの歟《か》。

（「鎮西日報」一八八六年八月十七日）

骨董店から購入したもとであるという。その目的は、十三日の復讐であったというが、それを持参して上陸することは出来なかったはずである。当日、購入したとしても、その数は少なかったに違いない。というのは、死者や負傷者を検分したところ、日本警察官と中国水兵の傷は対照的であったからだ。林誠一検事長は次のように報告している。

要するに巡査の負傷者は打撲傷に多く、水兵の負傷者は刀傷に多し。

（「林長崎控訴院検事長より司法大臣へ報告」五二頁）

また梅香崎警察署長も次のように報告している。

右騒擾の間捕護したる兇行の水兵六名にして、何れも剣傷（二名重傷）を為し、署員にして負傷したるは警部補以下十七名、巡査即死一名にして、木石等を投擲《とうてき》せられ、或は些少の打撲を受けざる者は殆んど無之候。

（「第二回上申書」八三頁）

長崎軽罪裁判所の堀池常作は、刀傷と打撲傷の割合を次のように（次頁表）まとめている。[24]これらのデーターを勘案すれば、日本人警察は比較的殴られた打撲傷が多く、むしろ中国水兵の方が刀で傷ついていたということだ。だとすれば中国兵が骨董店で購入した日本刀を振り回して暴れたという説は疑問が多い。現実に梅香崎、長崎両警察署で差し押さえた武器のうち、日本刀はわずか三本、仕込杖二本にしか過ぎない。[25]

多くの警察官の訊問調書でも、「刀剣は見受けざりし。自分立番の節、支那水兵が堅木の二尺五寸位の棒様を持ちて通行するを見受けたり」（「証人河村健太郎訊問書」伊藤博文公編『秘書類纂・兵政関係書類』一一二一一一三頁）などの証言が多い。では中国水兵は何を武器に日本警察

	刀傷	打撲傷	打撲	合計
清国側	三十七名（内六死亡）七四％	六名	七名	五十名
日本側	十四名　四八％	六名	九名	二十九名（死者含まず）

刀傷と打撲傷の割合

に立ち向かったのか。水兵の多くは、木刀を振り回し、竹で作った腰掛台や店にあった茶碗や瓶類の陶器を投げつけたと、多くの警察官が証言している。[26] なかには料理屋に備えていた割り箸で応戦したという証言もある。[27]

もちろん中国水兵が日本刀で襲撃したから、やむを得ず抜刀して応戦したという証言もある。

「清国人或は棒、或は日本刀、或はサーベルをひらめかし、且つ石、若くは陶器類を投げ付けたるを以て、不得止所持の剣を抜き……」（「川村勝平調書」伊藤博文公編『秘書類纂・兵政関係書類』一二四頁）

「自分も棒、若くは短剣を持ちたる清国人より取囲み乱打され、其場に打倒れ、……其際清国水兵一名が短剣を自分が右手関節の上部に突込みて、えぐられたる迄は記憶せるも、乱打に逢う逢ひ、其後のことは覚へざるなり」（「渡邊猛温調書」同前、一二八―一二九頁）

こうした証言や報告書にばらつきがみられるが、総合的に検討すれば、中国水兵の武力は微々たるものであった観がある。だから日本の警察官に比べて、大勢の水兵が死傷したのであろう。

他方、日本の警察官の武装力はどのようなものであったか。「鎮西日報」では次のようにいう。

警官は小勢の上に、先年阿片事件ありてより帯剣を許されず、只官棒のみなるを以て、防禦頗る困《くるし》み、遂に悉く負傷したり。……帰署し、帯剣の上、同僚二名と共に再び同町に駈け出で、追尾し、来りし水兵と闘ひ……。（「鎮西日報」一八八六年八月二十四日）

日頃、下級の巡査クラスは帯剣せず、警棒だけで警備していた。だが上級の監督巡査クラスは帯剣して回っていたという(28)。

「百数十名の貴国水兵、広馬場に蝟《い》集《しゅう》し、種々の利器を携へ、現に黒服を着したる士官体の者、抜刀率先、我警吏に向撃進し、梅香崎警察署の門前迄来襲したる勢ひ猖獗にして、他に防止するの道なきを以て、警部巡査は職務上携ふる処の洋刀警棒を以て、之を防ぎ」（「林検事長書簡」伊藤博文公編『秘書類纂・兵政関係書類』、一六九頁）と、抜刀の正当性を強調している。「更に丸山口より貴国水兵数十名馳せ来り、勢を合せり。暴行愈《いよいよ》劇しく、巡査は概ね傷を被り、危害切迫、止を得ず佩剣を抜き、警棒を揮《ふる》ひ、進退相応じ」（同前、一七〇―一七一頁）ともある。暴動が激しくなり、中国水兵が警察署を襲うという情報が流れるにいたり、帯剣して斬りあったという。だが、こうした警察署前の攻防戦だけで、多くの中国水兵が殺傷されたのであろうか。少し疑問が残る。

市民の参加

どうやら中国水兵の死傷は、警察から受けただけではなく、長崎市民からも襲撃された気配が濃厚である。「鎮西日報」は市民の奮闘を次のように伝えている。

少数の警察官にては手に余るを見て、市民の少壮者は各獲物々々を執りて馳向ひ、水兵を攻撃するもの街頭に填咽し、其勢力極て猛烈なりしかば、水兵は遂に右往左往に散乱して逃走せり。……

今市民は事の急なるを見て、各棍棒、刀剣の類を携へて来集し、巡査も大抵サアベルを得て、暴兵と戦ひたり。此時に及びては暴兵は猖獗益々甚しく、誰れ彼れの差別なく切廻り、其勢当る可らざるに至りしが、市民の激昂も亦一層烈しくなり、大呼して群る。暴兵の中に打入りしがば、流石の暴兵も遂に辟易して追返されたり。双方の死傷、最も夥だしかりしは此時なりといふ。……その有様は左ながら街戦に異ならず。この闘争中、接近の市民は屋上に登りて瓦石を乱投し、巡査及び獲物を携へたる市民は機に乗じて進撃しければ、衆を頼むの暴兵も今は叶はじとや覚悟しけん。

（「鎮西日報」一八八六年八月十七日）

市民も騒ぎに駆けつけ、持参した日本刀で中国水兵に切り込んだという。「又市民は船大工町、本籠町にありし各道具屋に飛込み、手当り次第に或は刀、或は鎗を無断奪取して巡査に応援し、又心き丶たる者は屋上に登り、瓦をめくり無我夢中に投下せし為め、敵も味方も負傷せし者多数を出せり(29)」という。

どれだけの数の市民が乱入したか分からない。「警察署に利器を携へ、公然加勢を申出づるもの数多あるを、却て説諭に困りたるの有様」(「林長崎控訴院検事長より司法大臣へ報告」、五四頁)というからかなりの数であったことは間違いない。市民も当然負傷者が出たはずであるが、中国との賠償交渉に不利にならないよう、民間人の負傷者数を敢えて確認していない(30)。

イギリス領事が興味が引かれる指摘を行っている。熊本鎮守府にいた多くの職を失った旧武士階級が長崎に移り、騒ぎに加わったという(31)。

市民の参加は義侠心からの加勢であるとおもわれるが、中国側と物議をかもした一団も含まれていた。「鎮西日報」が次のように報道している。

此の激闘中に人民の得物を携へて暴兵に打てか丶りしは、大概丸山寄合両町辺に居合はせたる中等以下の社会(白衣連と称する無頼漢多し)にて、切歯扼腕《せつしやくわん》の余り巡査を助けて劇闘したり(32)。

(「鎮西日報」一八八六年八月十八日)

「白衣連」とは、遊郭に巣食うヤクザ集団のことであろう。後述するが、中国側はこの白衣連が権力から雇われたゴロツキ集団であり、意図的に中国水兵を襲ったと非難されることとなる。

イギリス領事の報告にも、武装した下層階級の存在が記されている。ただ、大量にいたとは書かれていない。

> a few Japanese of the lower class walking about the streets carrying sticks and slaves. On arriving at the Megasaki Police Station（梅香崎警察署のこと）I found a large crowd of Japanese, many armed with clubs and sticks.
>
> （F.O.46/346, No.36, p.313, J. J. Euslie to Sir F. R. Plunkett, Aug.20, 1886.）

更に興味ある加勢は、在長崎の華僑である。八月十九日の「鎮西日報」は次のように報道している。

> 新地居留の支那人は同夜各々竹鎗或は刀類を携へ、清兵に助力せんと広馬場四角まで出たるが、巡査其他の勢ひ盛なるを見て、暴行はせず、其儘コソ〳〵家々へ逃込、戸を締切りたりと。
>
> （「鎮西日報」一八八六年八月十九日）

日本人の市民加勢は勇気ある義侠心で崇高なものとして称賛されているのと対照的に、中国人華僑の対応は明らかに惨めに描かれている。中国人に対する価値観がにじみ出ている。

この点について、"The Rising Sun & Nagasaki Express" の報道が異説を唱えている。地元華僑が中国水兵に武器を支給したという。


中国人の多くは刀剣や仕込杖、槍などで武装していたようだ。武器の一部は、街で事前に購入されたもので、表向きは骨董として買われたものである。残りは新地や広馬場に住む地元の華僑から支給されたものであった。

("The Rising Sun & Nagasaki Express "August 21,1886.)


山口林三郎の回想もそれを裏付けている。

「水兵は士官の指笛に応じて奮闘を続け、新地、広馬場に在住の清国民は、前日来市内古道具屋より買入れし刀剣類を自家の二階、若くは室内より屋外に投げて水兵に供給」(「明治十九年清国水兵暴行事件顚末覚書」、四五頁) したという。どちらが本当であろうか。長崎市民の加勢は、様々な報道、報告から確かめられるが、長崎華僑の加勢は、必ずしも全貌が明らかでない。

中国側の報道と主張

次に、中国側の報道や政府高官の主張を紹介し、日本側のそれとの違いを検討してみたい。事件は日本の長崎で発生したから、日中報道を対比すれば、当然ながら比較にならないほど日本側が詳しい。中国では仄聞も含めて、誇張された形で報道されがちであることはやむを得ない。また国際的事件であるから、日本では警察が関係者から直後に詳細に証言を採取し、後日の裁判に備えている。証拠集めにおいては、日本のほうが勝っていたことは明らかである。

上海の新聞報道

まず、上海で発刊されていた「申報」の記事を紹介することから始めたい。長崎に最も近いから、情報も多いと思われる。

第一報は八月十七日（光緒十二年七月十八日）の紙面で、単なる速報である。だが、中国水兵が襲撃されたことを中心に報道されている。

「長崎からの電信では、中国兵が日本人警察官から襲撃されて五人が殺され、多くが傷ついた。ただし電信はわずか数言に過ぎない」

（「申報」一八八六年八月十七日）

その三日後には、かなり詳しい。

長崎の西洋人記者からの連絡では、中国軍艦四隻が長崎に入港した。十四日、ある水兵が上陸して一本の日本刀を購入し、何故か分からないが日本人巡査をバッサリと刺してしまった。このため怒って凶暴な争いとなり、双方に負傷者がでた。そして夜になると、水兵は大勢が集って派出所に押しかけ、争いとなった。大敵と戦うように双方が死力を尽くし、日本人は四人が死亡し、十九人が負傷した。中国水兵も負傷し、中国士官が現場に着いて取り締まった。しかし水兵にも死去したり傷ついた者がでた。日本人は病院に担ぎ込まれ治療を受けた。中国人の負傷者も担ぎこまれたが、病院に担ぎ込まれなかった中国人は軍艦に担ぎこまれた。しかし同艦には医師がいなかったため、他国軍艦の医師に治療を要請したという。

（「申報」一八八六年八月二十日）

この報道では、最初に斬りつけたのは中国水兵であるとされている。多少、中国側が加害者であるかの報道である。ところが、報道内容はその後、一変する。

翌日二十一日の紙面では、前日の報道を否定して、次のように述べている。記事の日付は中国暦で、十四日（七月十四日）は陽暦八月十三日を指す。

昨朝、現場で取材した人物から詳細なニュースが送られてきたが、実は西洋人記者の記事とは大きな違いが分かった。……中国兵と日本人とが血を流した原因は、日本人巡査が中国人を軽蔑したからである。本月十四日、中国兵は上陸して街で買物をした。しかし言葉が通じず、ことごとく争いとなった。そしてこれを見た日本人巡査は喧嘩の仲裁をすることなく、時には刀を抜いて脅し、些細なことが殴り合いとなってしまった。幸いなことに、この日はたいした大怪我もなかった。はからずも日本人は内心ひそかに殺害を企てることとなった。十五日、付近村落の剣士百人以上、また兵士若干、地元ゴロツキ数百人に電報を送って招集し、その数は二千人を下らなかった。派出所には鋭利な刀剣と棍棒をひそかに準備していた。このことを中国兵は少しも知らなかった。次の日、日曜日なので中国兵三百余人が上陸した。将官はトラブルを恐れて、帯刀を許さなかった。そして十二人の上官を巡視させ、取り締まりに当てた。日本人は喧嘩するつもりであったから、午後になると剣士がゴロツキを率いて、それぞれ刀や棍棒を用意し、事を起そうと構えていた。中国兵の憲兵は怠りなく監視していた。互いが殴り合いとなったが、それでも中国兵の三分の一は制止した。日本人は巡査をはじめゴロツキどもは刀で何も持っていない中国兵にどっと切りつけた。こうして各街角は巡査に率いられたゴロツキによる殺害と流血の巷と化した。中国兵五、六十人のところに日本人三、四百人が屋上から石を投げつけたり、民家で騒ぎ、各街に分かれて殺害の機会を探した。店で買物をしていた数人が殺された。最も憎むべきことだ。ある中国兵は暴行事件を知らずに買物し、埠頭に戻って連絡船に乗ろうとしたら、日本巡査から軍艦への搭載を禁止され、この兵士は詳細が分からず大声をあげたら、日本人から後ろ頭を一刀で切り倒された。その他、殺された人は概ね、五、六、七人である。袋叩きで殺された一人は、勇敢にも日本巡査から刀を奪い取り切りつけた。

（「申報」一八八六年八月二十一日）

これまで見てきた日本の報道とは大きな違いである。その違いは次の通りである。

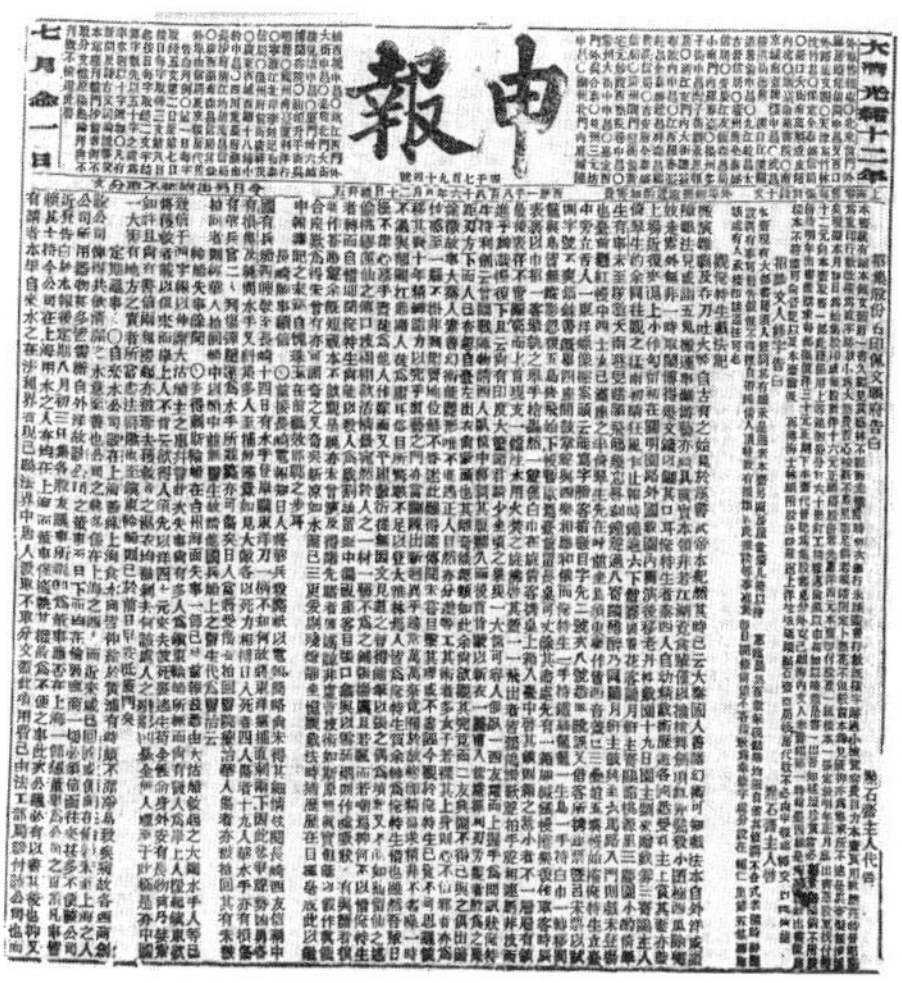
大清光緒十二年
申報
七月念一日

上海で発行されていた新聞「申報」

①喧嘩が始まった発端では、日本人警察官が中国水兵を軽蔑（原文は「軽視」）した。

→日本の報道では、中国水兵が警察官を侮辱したという。

②日本側は報復殺害を準備し、事前に武装した連中を集めていた。

→日本の報道では、十三日の復讐をするため、中国水兵が日本刀や仕込杖を用意していたという。

③中国水兵は帯刀していない丸腰にもかかわらず、

それを武装した日本人が襲った。
↓日本の報道では、中国の士官クラスはサーベルを着け、水兵も骨董屋で日本刀を購入していたという。
④陸海の交通遮断で、帰艦する中国兵士を釘付けにし、それを襲った。
↓日本の見解では、新たに中国艦船からの応援部隊派遣を阻止するために水上交通を遮断したという（前出井上馨伝記傍線部⑦）。

まさに正反対の報道である。「申報」が特殊ではなく、「鎮西日報」も、「長崎騒動に関する支那人の評説（上海通信者書送）」という記事で、上海での事件報道を次のように伝えている。

当地の支那人及び其新聞紙の評説する所を概記せんに云く。此回の長崎事件は非曲全く日人に在り。如何となれば、日人は心あつて華人と難を為し、華人を刃害したるものなればなり。去る十五日の如きは日本捕官は特に付近の地方に電通し、拳師を集め、又は土地の流氓を招き、これに与ふるに利刃を以てせり。此辺を見れば日人は兼て十六日（清暦）において華人と難を為すの心ありて、これが準備を為したるものに相違なし。元来、日人は甚だ中国人を軽侮し、毎に隙に乗じて衅《きん》を開かんとせり。琉球の事と云ひ、台湾の役といひ、朝鮮前後の変乱といひ、是れ皆な中朝を軽蔑するに出でたるものなり。

（「鎮西日報」一八八六年八月二十八日）

この特徴は、事件そのものを、当時の日中関係の雲行きが怪しくなった国家間トラブルの経緯から解説していることだ。

では、中国での報道のニュース源は何なのか。「申報」の特派員が長崎にいたのであろうか。最初は「長崎の西洋人記者からの連絡」とあったものが、次いで「現場で取材した人物から詳細なニュースが送られてきた」とある。その人物は中国人であり、事件に関わった中国人や、多分清国領事館から情報を収集したのであろう。そうすると、見かたが一変する。

興味深いことは、中国水兵に対する襲撃で、「地元ゴロツキ」（原文は「本地流氓」）の存在が強調されていることである。二十一日の紙面では「地元ゴロツキ数百人に電報を送って召集」とあるが、二十七日の紙面では更に具体的である。

「（十五日午後）八時すぎ、……白衣党に雇われた剣士百数十人が現れた」（「申報」一八八六年八月二十七日）

即ち「白衣党」がそのゴロツキの頭目であったという。実は、この白衣党なるものは、既に「鎮西日報」で「白衣連と称する無頼漢」として紹介された遊郭地回りヤクザ集団のことを指すのであろう。遊郭を舞台とした大喧嘩であるから、ヤクザはその存在価値をかけて暴れたことは想像に難くない。武装したヤクザが大暴れするのをみて、中国水兵や華僑は、当然ながらその裏（権力とつながった行動）があるとみなしたのかもしれない。

不可解な報道もある。

「（十五日）夜、巡査は公然とゴロツキ（流氓）を集め、獄中から解放して武器を持たせ、市中に放って中国水兵を殺害させた」（「申報」一八八六年九月四日）

これは明らかに誤報であると思われるが、こうしたデマが流れるほど、中国水兵や華僑にとって、警察官以外の武装集団の襲撃に脅威を感じたのであろう。

李鴻章や公使、領事の認識

次に、長崎の現地にいた蔡軒領事、丁汝昌提督、およびその報告を受けた東京の徐承祖公使、天津にいた李鴻章などの認識を紹介したい。本文にある「理事」とは領事のことで、「理事署」とは領事館を指す。

まず、蔡軒領事からの報告をもとにした徐承祖公使の井上馨外務大臣に対する照会は、次のように日本を責めている。

長崎蔡理事からの連絡によれば、昨日、我水兵が上陸し、八時ごろ突然に、多くの日本巡査が喧嘩を仕掛けてきた。その数は数百名にのぼり、各街を塞いで、水兵に会えばたちまち斬り付けてきた。また日本人の民衆もそれぞれ兵刃を持ち出して乱殺した。だから争

水師官兵（『中国近代海軍史事日誌』三聯書店刊より）

いを制して救護することもできなかった。兵士五名が殺され、六名が重傷を負い、三十名が軽傷、九名が行方不明となった。喧嘩の原因は、十四日に中国兵と日本巡査が争ったことにある。双方が一名ずつ負傷したが、それぞれさほど重傷ではなかった。昨日、理事は丁提督に対し、兵士が岸に上る時は、武器を所有せず、事件を起こすことがないようにと厳命させた。ところが日本人はあらかじめ殺害の心を抱き、千数百人が刀で斬り付けた。また周りの屋根からは熱湯を振りまき、投石を繰り返し、我兵士は防ぎようがなかった。各街に散在して買物をしていた連中はすべて丸腰であって、うまくやられてしまった。(39)

（「徐承祖書簡」伊藤博文公編『秘書類纂・兵政関係書類』一五六頁、および「長崎に於る清国水兵暴行事件に関し本邦駐劄清国公使との談判筆記送付の件」『日本外交文書』明治、第二十巻、五三一頁）

要旨は、①喧嘩を仕掛けたのは日本の警察官、②日本人はあらかじめ殺意を抱いていた、③丸腰の中国水兵を警察官、民衆が一緒になって兵刃で切りつけた、ということである。現地の軍事責任者である丁汝昌提督も、同じように報告している。

この日、百十余人(の水兵)が長崎にて食料を購入しようとした。ところが数百の日本人が買物をさせないどころか、既に買い終えた物までもすべて蹴散らしてしまった。その勢いは甚だ凶悪になって、彼らは脱出しようと思うようになった。日本人は巡査を要請し、無頼の者ども千人を下らず、それぞれが利刃を持参し、急に凶悪な行為に及んだ。彼ら(水兵のこと)は武器を持たず、衆寡敵せず(多勢に無勢)であった。この結果、命を落とした者四人、行方不明者九人、傷を負った者七十余人。重傷で夜半に死去した者一人。……日本人は故無く凶悪行為をしでかし、且つ集まった民衆も刃傷で命を落とし、百名を下らない。

(「東洋長崎従丁汝昌来文」伊藤博文公編『秘書類纂・兵政関係書類』一六一頁)

武器を持たない水兵が無頼の者に切りつけられたと、「故無く凶悪行為」を受けたことを明らかにしようとしている。海軍提督としては、武装した兵士が敗れれば、それは軍人としての恥であり、「衆寡敵せず」を強調している。

こうした現地からの報告を受けてか、天津にいた李鴻章は日本の天津領事波多野承五郎との会談で、次のように日本側の行為を叱責したという。

少数の水兵が上陸なし、物を買ひ、入浴等の末に起りしなるべし。又此騒動にて我国水兵の死者五人、傷者四十一人、総計四十六人の死傷あり。偖《さ》て貴国の巡査は乱暴至極傍若無人の挙動、実に悪むべきの至りなり。……電報に拠れば、上陸の時、帯兵官より令を出し、小刀をも携帯せしめざりし。我水兵も何か得物を携へたらんには、やみやみ四十余人の死傷はなかりしならん。貴国巡査が刀を用ひ、此得物を携へざる我水兵を殺傷せしにより、我憤怒の熱度を加へたりと知るべし。

（「長崎事件」四五三頁）

もし中国水兵が武装していれば、かくも多くの死傷者を出していないと、いう点が興味深い。同じく総署王大臣より鹽田《しおた》三郎公使への照会は次のように述べている。

長崎理事官の稟報に拠るに、七月十四日、華兵あり、車夫と価に因り争鬧《そうどう》す。……日本巡査は已に預かじめ布置埋伏し、意を蓄へ、報復せんとするを、遂に街上に在て意ありて推撞《すいとう》し、華兵を激動し、之と相ひ打つ。我兵は毫も器械なく、各処に散在す……暗中に日本の小船を指使し、一概に華兵を渡し船に回すを許さず。……日本人二千余名あり、手に器械を執り租界に遊行し、理事署を囲繞《いじょう》し、口に悪言を出す……日本巡査が華兵を追殺するの時に当り、日本巡査は刀棍を持し、華兵の招架するものは、招牌または柱又は木柴等の類たりしは、衆目の公に見て、衆耳の共に聞く所、此れ決して、華兵が刀を帯び、日本巡査と釁《きん》を尋るに非ざりし明証の一なり。（同前、四五七―四五八頁）

ここで興味を引く点は、多くの日本人が理事署（領事館）を包囲して、糾弾したということだ。日本側の報道や報告では、中国水兵が梅香崎警察署を包囲したということになっている。以上に共通していえることは、中国水兵は刀剣を有しない丸腰だったのにもかかわらず、刀剣を有した日本人が寄って集って丸腰の中国水兵を殺害した、ということだ。その非はすべて日本側にあるということである。

こうした認識の背景には、最初にトラブルに対する日本側の対応が万全でなかったという不満が中国側にはくすぶっていたのであろう。

十三日の処置について、蔡軒領事は次のように日下義雄長崎県知事に申入れしている。

拙者、王発を訊問致したる処、其口供に拠るに、傷を被りたる後、麻縄を以て捆縛《こんばく》し、警察署に拘留し、擅《ほしいまま》に凌辱を加へられたり云々。此れに拠り拙者査するに、水手巡査は愚昧無知にして、喧嘩殴傷は原より意中にあり、初め縄縛拘留此の如く凌辱し、擅に我兵船の水手を警察署に押留すること二時間の久しきあることを料らざりし、此等違章無礼の

事は意に置て論ぜざる能はず。（「訳和文」伊藤博文公編『秘書類纂・兵政関係書類』二一一頁）

喧嘩の内容よりも、中国兵を麻縄で縛ったこと、二時間も拘留したことが日本による中国への「凌辱」と捉えられていたのである。当時、日本は外国人に対する領事裁判権が無いにもかかわらず、中国人については荒々しい対応をしたとみなし、日本警察の「違章無礼」を体質的なものとみなしたのである。

さらに厳しい言い方は、十五日にとった警察の措置は、最初から計画していたものであるという決め付けである。

「地方官が両国の大体を顧りみず、予かじめ毒計を設け、故なくして多命を惨殺……」（「長崎事件」四五九頁）

何ゆえ「予かじめ毒計を設け」といえるのか、その証拠は明示していないが、水上警察署と協力して海上交通を遮断したことが、周到な準備として映ったのであろう。

以上、中国側高官の反応を紹介したが、当時の情報伝達能力からして、中国側が的確に事態の全貌を把握していたかは疑わしいところがある。情報がより多く伝わることによって、中国側も若干の修正を加えているという。

八月二十日に李鴻章と会談した波多野承五郎天津領事は、二十三日に再び李鴻章と会談を持ったが、その時の李鴻章の言葉は穏やかであった。李鴻章は次のように述べた。

長崎より電報を最初に接したるときは、拙者も一時は甚だ立腹したり。……巡査水兵の喧嘩は、小児の喧嘩のみ。此喧嘩は父母たる者、之を公平に処すれば、則ち足れり。……今回の事に関し、貴政府を疑ふの心なし。

（同前、四五五―四五六頁）

子供の喧嘩にすぎないと、日本政府への責任を問うことはしないという態度である。その変化を、外務省は次のように評論している。

当日、李鴻章の言語は、二十日のそれに比すれば、頗ぶる柔らきたるは、蓋し諸所よりの電報等にて清艦の落度は啻に前日に懲りて、水兵の上陸を悉《つつ》しめざりし一事に止まらざりしを知りたるの故ならんか。

（同前、四五六頁）

責任論の応酬と原因論

だが基本的に、日本側は中国側に非があるといい、中国側は日本側に非があると譲らなかった。日本側は事件の経緯を説明し、最初に喧嘩を仕掛けたのは中国水兵であることを立証し、その責任を明らかにしようとした。賠償金の問題もあり、簡単には譲らなかった。それは中国側も同じであった。

波多野承五郎天津領事からの電報によれば、李鴻章は日本の責任を責めたという。

「李鴻章は拙者に向て奮激の様子にて、長崎の事件を談れり。曰く、支那人は巡査の為め無法に殺害を被むり、又負傷せしめられたり。此事たる全く長崎県知事と支那領事の罪なり」（「波多野領事来電」伊藤博文公編『秘書類纂・兵政関係書類』、一五二頁）

また蔡軒領事も、長崎の警察側の非を強調した。

「（蔡領事は）事件を惹起した曲は全く警察側にありとして、水上警察署が港内艀舟の出入を禁じて警備したことを以て、水兵の帰路を絶つたものと解し、警察が故意に水兵を攻撃したものと強弁した」（井上馨侯伝記編纂会編『世外井上公伝』第三巻、七二四頁）

これに対して、日本側は、まず事実認識において中国側は間違っていることを強調し、その非が中国側にあることを主張した。

井上馨外務大臣は、徐承祖公使に事実認識の過ちを警告している。

「日下長崎県知事よりの来電は、貴大臣照会を以て御申越の事実と大に致相違、誠に驚異に不堪候」（「長崎事件」四五一頁）

鹽田三郎公使も同じである。

「長崎一案にて貴国理事官の稟報は、本大臣が前に聞く所と大いに齟齬を形す」（同前、四五九頁）

また井上馨外務大臣は波多野承五郎天津領事に次のように指示している。

「李鴻章に左の通り告げよ。暴動を仕掛けたる者は支那水兵なりとの証拠、却て大に強しと」
（「井上外務大臣より通電」伊藤博文公編『秘書類纂・兵政関係書類』一五三頁）

こうした非（曲）の所在がどちらにあるかという論争は、どちらかといえば神々の論争に近く、終焉することはない。政府間の論争は、巷にも伝わり、長崎の「鎮西日報」も責任論争に加わり、次のように主張している。

事の起りは、清国水兵より手出を為し、交番所の巡査を殺害したるには相違なし。争闘の始末は群集せる水兵が警察署に押寄せ、警察官に暴行を加へたるには相違なし。水兵は手に日本刀若くは仕込杖を執りて立向ひたるには相違なし。此三点丈けは実際を目撃せる者が異口同音に宣言する所なれば、之を動す可らざる事実なりと看做さんも差支なかるべし。
（「鎮西日報」一八八六年八月十九日）

今回の清兵暴行事実は、之を孰れの点より観察するも、彼れ曲にして、我れ直たり。我れに理ありて、彼れに非たり。是れ彼れが事を起し、彼れが暴を行ひ、彼れが害を加へたるの事実、炳然《へいぜん》たるが故なる……。
（同前、八月二十八日）

事実認識が違うから、非（曲）の所在において、歩みよりは見られなかった。事件現場の日本のほうが証拠集めは容易であり、その説得力は中国に比べれば大きいようにも思えるが、すでに明らかにしたように、必ずしも日本側の報道や見解が絶対的であるということではない。

問題は、何ゆえ、遊郭をめぐるたわいもないトラブルが、兵士と警察官、市民の激突という大事件にまでエスカレートしたかという原因論である。何がしかの鬱積した不満や不信感が双方にあり、小さなトラブルでそれに火がついたのであろう。そのためには、事件の背景、あるいは事件が拡大した中国兵士や長崎市民が加わった心理（対中国観）などを検討する必要がある。

中国側は、その根底に日本における中国蔑視が存在していたという。

李鴻章はその点をまず強調している。

「長崎の巡査が一般に支那人を軽蔑し屡々《しばしば》彼等の意志を挑発することは拙者之を承知せり」

（「波多野領事来電」一五二頁）

それを受けて、八月二十一日に行われた徐承祖公使と青木周蔵外務次官との話し合いで、徐公使は日本の中国観を次のように警告した。

清国公使曰く。日本の諸新聞紙を閲するに、常に我国を軽侮するの語筆を帯び、特に長崎事件以来は益甚しく、右は決して両国の友誼親交を保持する所以にあらずと。

（「長崎に於る清国水兵暴行事件に関し本邦駐劄清国公使との談判筆記送付の件」五三三頁）

この抗議に対し、日本側は反論することなく、素直に認め、新聞の検閲を開始している。

青木次官曰く。当今、我国民心の向ふ所、主として欧米の文明に在り。則ち日本の諸新紙が清国の事物に対して情熱を有せざるも、勢の然らしむる所なり。唯悪口罵詈《ばり》互に感情を傷ふか如きは、此際応《ま》さに充分に之を検束すべしと。（同前）

そして外交文書は「是に依り、外務省に於ては、其翌日より新聞検閲掛を設け、並に長崎、大阪、兵庫、其他の府県に令し、各新聞紙の長崎事件に関する原稿を刊行前に検閲せしめ、其罵詈に当るもの、並に機密に渉るもの掲載を禁止せしめたり。但し右検閲は九月二十一日を以て廃止……」（同前）と説明している。

確かに長崎の新聞ですら、かなり中国水兵に対する「罵詈」に近い記事があり、外務省も感情的な煽りを警戒することとなった。

上海の「申報」も「近年来、日本の官民は中国人を軽視している」（「申報」一八八六年九月四日）と強調している。すでに多くの中国人は、東海の小国日本が台頭し、日本政府だけでなく、民間日本人までが中国人を軽視、蔑視していることに不満を苛立たせていたのである。その蔑視観が中国水兵を襲撃した原因であるとみなしていたのであろう。

その背景には、明治政府の東アジア政策に対する不満があった。その中国の不満に対し、的確に指摘したのが、当時のチャイナウォッチャーともいえる曽根俊虎が伊藤博文に奏上した次の書簡である。

長崎事件の如きは素より小事なりと雖ども、亦故無くして起る者に非ず。夫れ本邦の清国人を見るは、欧米人を見るとは大に異なり、之を牛豚視して軽蔑を加ふるを以て、清国人も亦本邦人を軽蔑して仮鬼子と呼ぶに至りぬ。是れ長崎事件の因起せざる能はざる所以なり。本邦の朝鮮に於けるや、我政府は飽迄朝鮮の独立を保護するの政略なるも、満清官民は決して之を信ぜず。彼の新聞紙を閲するに、日本は朝鮮を併呑して、竟に満州を窺ふ等の事を鋭意極言するが故に、満清の輿論は本邦を信用して良友とするに至らず。

（「奉総理大臣伊藤伯閣下書」伊藤博文公編『秘書類纂・外交編』中巻、原書房、一九六九年、二二二―二二三頁）

既にこの時、日本と中国の関係は悪化をたどっていた。特に中国からみれば、明治政府の東アジア政策は、まさに中国の既得権益を奪うものに他ならなかった。その膨張的政策に李鴻章らは大きな不満を抱いていた。(33) 外交文書は、李鴻章の不満を次のように描いている。

明治七年には台湾事件あり。八年には第一回朝鮮事件あり。十一年には琉球事件あり。

十五年には第二回朝鮮事件あり。十七年には第三回朝鮮事件あり。何れも李鴻章が日本に対する不平の事件にあらざるはなし。（「長崎事件」四四七頁）

一八七四年の台湾出兵（琉球漁民が台湾で殺害された事件の解決を求めて日本が出兵）。一八七五年の江華島事件（朝鮮を中国から引き離すことに成功）。一八七九年の琉球処分（琉球藩〔旧琉球王国〕を沖縄県として日本に編入。中国側は属国琉球の併合とみなす）。一八八二年の朝鮮壬午兵変（旧軍の反日クーデターに日本と中国が出兵）。一八八四年の朝鮮甲申政変（日本が開化党の金玉均をたてて軍事クーデタを企て失敗）。これらは、中国から見れば、台湾を侵略し、琉球を奪い、朝鮮を併呑しようという企てと映った。こともあろうに東夷の小国日本が、天下に君臨してきた中華帝国の権威に挑戦する野蛮な行為である。だから、中国を「軽視」すると強調するのである。

中国の新聞は、こうした経緯を踏まえて、中国軽視の積み重ねの上に、長崎の事件が発生したと説明している。『時報』は、中国を軽視して「日本高官が夜郎自大になっている」（『時報』一八八七年一月十一日、「長崎事件に関する新聞論説写送付の件」『日本外交文書』明治、第二十巻、前掲、五六六頁より引用）と非難している。「申報」は長崎の事件を論ずるに、わざわざ台湾出兵や甲申兵変を紹介して、その非を展開している。(34)

中国側が指摘することは、事件の些細な経緯よりも、それまでとってきた東アジアにおける中国の権益を侵害し、信義を破壊し、中国を軽視してきた日本政府及び日本人の体質そのものに、事件の本質があるということである。だから長崎事件において中国水兵の非を強調する日本には、自分の非を顧みず、中国側に責任転嫁している一連の事件処理と同じで、まったく過去の反省がないとみなしたのである。

日中の相互不信構造の固定化

この事件は当然ながら国家間交渉となった。九月六日から両国の代表が参加した長崎会審委員会が開かれ、交渉を重ねたが、双方が主張を譲らず、交渉は難航した。[35] 李鴻章らは開戦をちらつかせ、[36] 有利に交渉を進めようとした。新たに北洋艦隊が日本を攻撃するとの噂も流れたほどである。[37]

結局、双方とも折れ、相互の国家的責任は問わないことになった。関係者の処罰はそれぞれの国で行うこととなった。そして一八八七年二月八日、やっと議定書が締結された。[38] 日中両政府が相互に、相手方の死傷者に対し、「撫卹《ぶじゅつ》金」を支払うことで妥結した。日中両国は、死亡士官（一名）と死亡警部（一名）へそれぞれ六千円、死亡水兵（七名）と死亡巡査（一名）へ四千五百円、「傷に因り廃となりたる者」（中国六名、日本二名）に二千五百円を支払った。[39]

これにて一件落着である。だが、あくまで政治的妥協であり、それはこれまで見てきた相互の不信を生み出した対中国観、対日本観を克服したものではなかった。一八九四年に日清戦争が勃発し、本格的な日中衝突が現実のものとなった。日中の相互不信構造は、さらに激化し、異常な相互認識を増幅させることとなった。その後遺症は現代まで続いている。

後日談として、その後の北洋艦隊と長崎の関係を記せば、一八九一年と九二年にも、北洋艦隊が長崎に入港している。長崎県としては、再びこうした事件が発生するのを恐れ、前もって長崎の新聞社責任者を呼び、「紙上、右（艦船訪問のこと）に関する事項を掲載するには、極めて注意を加ふべき様、反復申聞置きたり」（『明治二十四年清国艦隊来航一件』知事官房、長崎県立長崎図書館蔵）と注意を与えている。新聞で扇動しないように警告したのである。幸い、二度とも無事に水兵の上陸や市民の艦内観覧が行われた。

だが「今回の来航に関しては、市民一般、表面上は甚だ冷淡にして、何等感触与えざるかの如くなりしも、前年の争闘に関する復讐の念は、未だまったく消せざる」（「清国北洋艦隊来航紀事」『明治二十五年清国艦隊来航一件』知事官房、長崎県立長崎図書館蔵）という。不安は残っていたのであろう。

注

1　事件の名称は、さまざまである。『日本外交文書』では「長崎に於て清国水兵暴行一件」とある（『日本外交文書』明治、第二十巻、一九四七年）。また「長崎事件」ともいう（『日本外交文書』明治年間追補、第一冊、一九六三年）。伊藤博文は「長崎港清艦水兵喧闘事件」といい（伊藤博文公編『秘書類纂・兵政関係書類』原書房、一九七〇年)、井上馨は「長崎の清国水兵喧闘事件」と記している(井上馨侯伝記編纂会編『世外井上公伝』第三巻、原書房、一九六八年)。前掲の『長崎県警察史』は「清国水兵暴動事件」としている(一三七四頁)。戦後の長崎における新聞報道は、ほとんど「清国水兵暴動事件」として統一されている(「清国水兵暴動事件始末記」①~⑪「長崎日日新聞」一九五六年二月十九日―三月一日、「清国水兵の暴動」「毎日新聞」長崎版、一九六七年六月五日)。中国では、李鴻章が「崎案」(長崎事件の意味)「長崎捕兵互闘一案」(捕は警察官、兵は水兵、即ち警察官と水兵の格闘事件の意味)と呼んでいる(『李鴻章全集』第七冊、海南出版社、一九九七年、三六四〇頁、三六五五頁)。単に「長崎案」ともいう(『清季外交史料全書』学苑出版社、一九九九年、三九三頁)。上海の新聞「申報」は「長崎鬧事」(鬧は騒動の意味)という言葉を使っている(「申報」一八八六年八月二十日)。

2 本事件に関わる外交史研究としては、安岡昭男『明治前期日清交渉史研究』(第七章「明治十九年長崎清国水兵争闘事件」、一四三―一九一頁)巖南堂書店、一九九五年、が詳しい。だが長崎の新聞や中国文献の利用に欠ける。中国での研究としては、戚其章『晩清海軍興衰史』(第五章第三節「中日長崎事件」、二八九―三一七頁)人民出版社、一九九八年、が日・中・英の資料を駆使して、事件の経緯から外交交渉まで、全貌を明らかにしようとしている。

3 「鎮西日報」一八八六年八月六日。「釜山開港以来、清国艦の入港せしは、これが始祖なり」という。

4 「鎮西日報」一八八六年八月十一日。「昨十日午後一時四十分、浦潮斯徳(ウラジオストックのこと)より入港せり。定遠と鎮遠とは船底頗ぶる損し居れば、近く立神船渠に入れ、外部修繕となす」とある。定遠と鎮遠はいずれも七三三五トンのドイツ製。両船がドックで修理した後、事件解決を見ないまま、九月三日に長崎を出港した。「鎮西日報」一八八六年九月四日。
5 李鴻章「論俄日窺韓」『李鴻章全集』前掲、第五冊、二八六三―二八六四頁。
6 李鴻章「与朝鮮国王論巨磨島」『李鴻章全集』前掲、第六冊、三三三五頁。
7 姜鳴編著『中国近代海軍史事日誌』生活・読書・新知三聯書店、一九九四年、一四〇―一四一頁。李鴻章「寄長崎交中国水師提督丁琅」『李鴻章全集』前掲、第六冊、三六三八頁。
8 『長崎県警察史』上巻、前掲、一三七四頁。「恐怖の念を抱かせた」というのは後からの状況判断であって、当時の資料からは確認できない。
9 「長崎事件第三報」伊藤博文公編『秘書類纂・兵政関係書類』前掲。一六―一八頁。
10 「林長崎控訴院検事長より司法大臣へ報告」同前、五〇―五六頁。
11 「上申書」同前、七四―七八頁。
12 「第二回上申書」同前、七九―八四頁。
13 「清国水兵暴行の顛末再応上申」同前、八五―八八頁。
14 「清国水兵暴動顛末書」同前、一三七―一四〇頁。
15 「意見報告書」同前、一四三―一五一頁。
16 「長崎事件」前掲。
17 「長崎の清国水兵喧闘事件」前掲。
18 山口林三郎「明治十九年清国水兵暴行事件顛末覚書」長崎史談会輯『長崎談叢』第十一輯、一九三二年十二月、四四～四七頁。
19 "The Rising Sun & Nagasaki Express "August 21,1886.

21 「鎮西日報」一八八六年八月十七日。最初の警察官への「侮辱」行為を次のように記している。「初め水兵は突然巡査の前に来り、拳をその鼻先に出し、次て西瓜の皮を以て鼻を摩したるも、尚動かず、遂に肘にて脇腹を突く等、暴慢無礼を極めたれども、巡査は成るべく忍受したるが、前後より其官棒を奪はんとするに及び始めて、揉合となりしを、路傍の車夫之を見て、直に梅香崎警察署に急報し……」同八月十八日。

22 「意見報告書」前掲、一四九―一五〇頁。

23 「林長崎控訴院検事長より司法大臣へ報告」前掲、五〇頁。「清艦の水兵追々上陸し、其数凡そ三百名、内士官体のものは多く帯剣し、水夫中には棍棒を携へしものも間々之れあり」という。一般水兵は棍棒程度であった。警察官・阪本半四郎訊問調書では「士官は小さき剣を帯び……（支那水兵）懐中より「ハーカ」（小刀）を取出したり」と証言している。「証人阪本半四郎訊問調書」伊藤博文公編『秘書類纂・兵政関係書類』前掲、一〇三―一〇四頁。

24 「意見報告書」前掲、一五一頁。

25 「林長崎控訴院検事長より司法大臣へ報告」前掲、五五―五六頁。

26 「証人高橋助次郎訊問調書」「証人宮川愛次郎訊問調書」「証人阪本半四郎訊問調書」同前、四一頁、四八頁、一〇六頁。

27 「証人宮川愛次郎訊問調書」前掲、四八頁。

28 「川村勝平調書」前掲、一二五―一二六頁。

29 山口林三郎「明治十九年清国水兵暴行事件顛末覚書」前掲、四五頁。市民の参加について、戦後の長崎の新聞では次のように伝えられている。出所は確かでない。「屋根に上ってカワラを投げつける、竹ヤリをしごいて突き入る、ナギナタ小わきにタスキ十字の女剣士も飛び出す、剣客高尾鉄叟の道場をはじめ町の道場からも天下御免の一刀をひっさげてかけつける」「毎日新聞」長崎版、一九六二年二月十一日。「西山あたりから祖先伝来の槍をかついで、広馬場へかけつける徳川生きのこりの、サムライもあらわれた」「夕刊長崎日日」一九五三年二月二十一日。

30 「林長崎控訴院検事長より司法大臣へ報告」前掲、五三頁。

31 **F.O.46/346, No.42, p.24, J. J. Euslie to Sir F. R. Plunkett, Aug.27 ,1886.**

32 「鎮西日報」一八八六年八月十八日。白衣連報道については、その直後に「但前々号に白衣連と称する輩多かりし云々と記せしは、街説の訛伝にて、現に目撃したる所に拠れば、種々の人民あり」と、言い訳している（八月二十日）。中国に利用されることを恐れたせいであろうか。戦後の新聞でも「地回りのゴロツキの各グループ」が気勢をあげたと指摘している。「長崎日日新聞」一九五六年二月二十七日。

33 この時期の朝鮮半島をめぐる日中関係については、王如絵『近代中日関係与朝鮮問題』人民出版社、一九九九年、が詳しい。

34 「申報」一八八六年八月二十二日。

35 交渉過程における複雑な経緯と、外国公使の斡旋などについては、先にあげた、安岡昭男『明治前期日清交渉史研究』と、戚其章『晩清海軍興衰史』の二論文が詳しいので参照されたい。

36 李鴻章は既に八月二十日に「今戦争を開かんとするは難事にあらず。貴国にある我兵船は船体銃砲皆堅便にして、自由に開戦するを得ればなり」と脅したという。「長崎事件」、前掲、四五三頁。

37 "North China Herald" Aug.27,1886,Shanghai. また「鎮西日報」によれば、「人々安き心なきに乗じ、狡猾の徒あり。種々の訛言を造出し、人聴を惑はして曰く。清国軍艦は今度の事変を憤り、将に市街を砲撃せんとす。」一八八六年八月二十一日。「申報」によれば、長崎で「中国が八艦船を連ねて来るとの風聞が流れている」という。一八八六年九月二十二日。

38
39 「長崎事件に関する談判は完結せる旨報知の件」『日本外交文書』明治、第二十巻、前掲、五九〇—五九二頁。

金玉均の日本経験

長崎を訪問した金玉均と知り合う

韓国の開化派官僚のリーダーとして有名な金玉均（一八五一―一八九四年）は、一八八四年十二月に日本と組んで政治刷新を目指した甲申政変を起こしたが、清朝の袁世凱や守旧派の軍隊に鎮圧され、日本に亡命した。そして一八九四年三月、上海で韓国から派遣された刺客に殺害された。その日本亡命時代、金玉均を支えたのが、長崎の炭鉱主である渡邉元[1]であった。渡邉元と金玉均の出会いは、甲申政変にさかのぼること二年、一八八二年（明治十五年）三月であった。金玉均が最初に日本を訪問し、第一歩をしるした長崎であった。

東京の青山にある金玉均の墓碑は次のように刻されている。

金玉均公、字は伯温、号は古愚、別号は古筠。氏の原籍は安東。開国四百六十年辛亥（一八五一年）正月二十三日（陰暦）生まれ。壬甲（一八七二年）に文科（科挙試験）に及第。（各職を）歴任して吏曹参判（大蔵次官に相当）に至る。甲午（一八九四年）殺害。

享年四十四歳。（原文は漢文）

金玉均の家門は安東金氏で、名門出身である。しかし父は零落し、書堂（寺小屋）で教えていた。六歳のとき、従叔父の金炳基の養子となった。聡明さを乞われてのことである。養父の金炳基は高官で、そのもとで伝統的な学問を修めた。

一八七二年、二十一歳のとき、朝鮮の科挙（官吏登用試験）である文科に状元（首席）で合格した。全国トップの秀才だ。前途洋々である。政府の要職を歴任し、出世街道を駆け上った。

青年官僚として活躍し始めた金玉均は、朝鮮の改革を目指す開化派に所属し、三度にわたって日本の近代化を視察した。開化派グループは開化党といわれ、積極的に外国から多くのことを学んでいった。これから見る金玉均の日本における行動は、そのほとんどを琴秉洞『金玉均と日本――その滞日の軌跡』[2]に頼る。きわめて克明な記録であるからだ。長崎の記録は、地元紙「西海新聞」[3]でも確認できる。

金玉均（1851—1894）

琴秉洞の研究では、開化派の形成は一八七四年ごろという。海外に見聞を広めるため積極的に視察団を組織した。一八八一年五月、十二班六十二人からなる「紳士遊覧団」が日本に派遣された。その中心は開化派で、軍事、政治、産業、教育、医療など様々な施設を視察し、研究した。このとき、金玉均は参加しなかったが、日本の新聞には、朝鮮開化党の金玉均と紹介され、期待は大きかった。

実際に金玉均が日本を視察訪問するのは翌年三月である。金玉均は国王の命を受けて訪日視察団を組織し、三月十七日に釜山を出発し、千年丸にて十九日に長崎に着いた。金玉均にとって最初の日本訪問である。長崎を離れたのは四月二十日で、関西を経由して東京を訪れ、そこで日本の師となる福沢諭吉に出会っている。

だから長崎滞在は一カ月に及んだ。

なぜ長崎滞在が長かったか。そこで県レベルの地方政治改革の現状を視察したかったためであろう。積極的に、誕生したばかりの県会などを視察、傍聴しているからだ。

「西海新聞」は金玉均の行動をたびたび報道している。

過日渡海し来たる朝鮮国京城の貴族金玉均外二名は、裁判事務一見せんとて、当地裁判所へ出願せしよしなれば、本日は一見を許さる、都合に立ち至るべしと云ふ。又昨日は当区小学校、中学校、師範学校等巡見せしよし。県庁よりは外務課雇大浦九馬作氏が通弁に付き廻られたり。

（「西海新聞」一八八二年三月二十二日）

裁判所は見学できなかったが、到着直後にさっそく学校施設を視察している。

昨日（三月二十五日のこと）は県庁の案内を乞ひ、臨時会議傍聴として、当港在留中の朝鮮紳士金玉均氏も出席せられたるよし。

（「西海新聞」一八八二年三月二十六日）

明治十五年県会は臨時県会が三月二十三日に開会し、同二十八日に閉会している。実質的な討議は同三十一日から始まった通常県会であり、臨時県会は議席番号を決めたり、正副議長を改選したり、県会議事細則を改正するだけで、さほど熱が入ったものではない。だが、金玉均にたいする県や県議会の対応は熱の入ったものであった。三月二十九日、長崎県令内海忠勝、県会議長志波三九郎などによる歓迎の宴が催された。

馬町自由亭に於て、内海本県令より韓客金氏其他饗応の景況を聞くに、県官は県令始め金井、上村両書記官にて、招待に応ぜし人々は金氏一行の外、清国領事余瑪氏、其他県会議長志波三九郎同副議長牛島秀一郎氏等にて、各午後六七時より登亭せられ席定まるの後、県令は招待の意を書面にて示され、続ひて清国領事及び志波氏等の演説あり、又、金瑞、金玉均氏等の詩作もありて、漸く一時頃散会せられたりと。

（「西海新聞」一八八二年三月三十一日）

夜の一時まで宴たけなわであったというから、盛会であったのだろう。清国領事が参加しているのは、当時の朝鮮が置かれていた状況がうかがえて興味深い。実質的に朝鮮は清国の支配下にあったからである。清国としては、金玉均一行の監視でもあった。すでに二十六日、清国領事は小島郷福屋で金玉均たちを饗応している。反清の立場を鮮明にしていく金玉均であるが、日本においても清国の影響の強さを感じ取ったに違いない。

「西海新聞」には中国人と金玉均の筆談記録が紹介されている。彼の考えが披露されているので紹介する。分かりやすく、現代文に直した。

欧米各国と連絡し、盟を結ぶことが大切である。このことは開闢以来まことに未有の局面である。従来、朝鮮には外交がなかったというものの、最近はアメリカ、ロシア、イギリス、フランス、ドイツ諸国と交流してきた。朝廷でも、また民間でも議論が分かれ、心を悩ませている。しかし、これは大勢の赴くところであり、まことに一国だけで免れることはできない。

（「西海新聞」一八八二年四月六日）

また「西海新聞」には、訪問した客と詩を創りあい、唱和したとある。金玉均の作詩は次の通り。

言忠行篤更誰瞋

玉帛従前在善隣
万里東来非偶爾
只要結識有心人

（「西海新聞」一八八二年四月五日）

〔忠を言い、篤を行うは、更に誰が瞋《いか》る。玉帛（王の指針）は従前より善隣に在《あ》り。万里の東来は偶にあらず。只、心有る人に識を結ぶを要する〕

遠く朝鮮から日本に来た目的は偶然ではなく、善隣友好のための人士と知合うためである、ということを強調する詩歌である。金玉均はその目的を見事に達した。東京では福沢諭吉に知合って、生涯の師として仰ぐようになる。生活面で無窮の支援を受けることとなる渡邉元に遭遇したのである。

渡邉元（1855—1918）

また政府筋の情報では、「金玉均氏の我帝国に来遊せしは、今日の事情観察の為めのみならず、兼て王命を奉じ国債を募る内相談」（「西海新聞」一八八二年四月五日）であったという。

さて、前座の話はこれぐらいにして、渡邉元と金玉均の出会いを紹介しよう。金玉均が県会を傍聴したと書いたが、そのとき、渡邉元は県議二年目であった。金玉均は傍聴していたから、議場で紹介されたとしても、直接に会ってはいないかもしれない。その後、人を介して二人は出会った。若い渡邉元は青年官僚の金玉均に一目会って、意気投合した。そして生涯の盟友となり、義兄弟の契りを結ぶほどになる。

渡邉元は会ったばかりの金玉均一行をさっそく自宅に招待している。それほど熱の入れ様であった。金玉均にたいする回想集である『金玉均』（葛生玄晫編、民友社、一九一六年）に、渡邉元が「古筠金玉均」なる文章をしたためている。

彼が初めて日本に渡来したるは明治一三年（明治十五年の誤り）。その年二十六の頃で、当時堂上戸曹判書（これも誤り。後の役職）と云ふ役名であつた。何でも日本で云へば内務大臣位の格であつたのだ。彼は東京行の途中、長崎に立寄つた。長崎には牧健三と云ふ彼の知人が居て、其人の紹介で始めて自分は金に逢つた。自分が牧の家で紹介された其翌日、彼は十数人の随員を従へて弊宅を訪れた。勿論其時の彼は朝鮮服で大きな帽を戴き、四五尺もある長煙管に随員が煙草をつめてやる。それをスパリスパリやつて話をするところは、全然朝鮮の絵を見るようであつた。

（渡邉元談「古筠金玉均」葛生玄晫編『金玉均』七六頁）

渡邉元が朝鮮の高級役人に会ったのは初めてだったに違いない。その尊大さにびっくりしたのだろう。さらに続けて次のように回想している。

金は種々の話の後で、朝鮮の国策を問ふた。自分は富国は鉱業にありと云ふ論で、盛んに鉱業の必要を説いた。其時彼は何とも答へなかつたが、それから別れて東京へ往つて二カ月過ぎての帰途、再び訪れ来た時には、早や大分日本語が判るようになつて居た。是には自分も驚いた。此時、彼は自分に向つて、鉱業顧問として朝鮮に来て呉れと云ふた。東京滞留中に研究して、自分の鉱業富国論を必要なりと認めたのであつたらう。自分は答えた。夫は大に可し。併し政府から公けの手続をして、傭聘するようにして呉れと。彼は首肯して帰り、直ちに東莱府伯李健栄と云ふ人を派遣し、長崎県知事の手を経て自分を傭聘することとなつた。自分は水田礼造と云ふ人に鉱夫二人を添ひ派遣し、水田は李健栄と渡鮮して咸鏡道の鉱山を調査したるに、未開人民の常として到る処に暴民蜂起して一行を妨げれば、水田も其危険を畏れて鉱山の調査を中止して帰国したのであつた。而して東莱府伯たりし李健栄は十七年京城の変乱にて戦死したと聞及んで居る。爾来幾星霜、互に計画もし苦心もしたが、遂に何の成すところも無く、出明処を異にするに至つたには、残念と云へば残念のようだ。

（同前、七六―七七頁）

これによれば、渡邉元と金玉均を結び付けた絆は、鉱山開発であった。炭鉱主の渡邉元であったから、当然至極のように思える。しかし鉱山開発をめぐって、このような調査作業があったか、にわかには信じられない。こうした話にはかなりのほら話が多いからだ。だが、実名も出ているから、本当であったのかもしれない。

本当であれば、渡邉元が金玉均に意気投合した理由が、そうした実利的な面にあったこととなる。志に共鳴したよりも、金儲けの道を切り開いてくれる可能性があったためかもしれない。

だが、渡邉元は亡命後の失意の金玉均に援助の手を差し伸べているから、それほど実利的な狙いから付き合っていたわけではない。やはり朝鮮を近代化しようとする金玉均の意欲に渡邉元は意気投合したのであろう。

この回想には記憶違いがある。東京へ行った後、二カ月後に長崎に戻ったとあるが、金玉均は下関から朝鮮へ戻っており、長崎には寄っていない。その後、長崎に来るのは八三年六月の三度目の訪日のときである。東京へ向かうための長崎寄港であるが、このときに渡邉元と金玉均が再会している可能性はある。琴秉洞によれば、金玉均は南興喆なる人物を同行させ、彼は「当時、或る鉱山の採掘権も持っていると言われていた人物」だった。だから先に渡邉元が述べたような「鉱業顧問」のやり取りがあったのかもしれない。それにしても「鉱業顧問」とは、少しオーバーな話ではなかろうか。

「爾来幾星霜、互に計画もし苦心もしたが」という点は、真実である。外務省記録で、その計画を話し合った形跡を確認できるからだ。話は一八九一年に下る。外務省記録「韓国亡命者金玉均の動静関係雑件」にある「金玉均等会社設立に関する件」で、次のような報告がなされている。もちろん、金玉均が亡命中の話である。渡邉元は松島炭鉱に従事している時期だ。といっても、本格的に松島内浦炭坑に着手する以前であり、生活は苦しかった。

長崎市下筑後町渡辺元は、近頃朝鮮人金玉均と通謀し、一会社設立の計画をなすやの聞へあるを以て、事実内偵を遂ぐるに、渡辺元は昨廿三年中屢、神戸に赴き、金玉均と親密の交際を為し、朝鮮に鉱山事業を起さんことを謀りたる趣に有之。現に本月初旬、金玉均は滞留地神戸より、豫て協議の件に付、熟議を要すと云ふ意味の電報を発し、渡辺に来神を促したるも、渡辺は当地鉱山事件の為め出向し難き旨を返報し、尚ほ金玉均に来崎を要めたり。而して彼等が計画は神戸大阪等の有志に頼り、資金五万円を募り、一会社を設立せんと、渡辺目下其募集に苦慮するものの如し。而して渡辺は今回の計画にして成功するに至らば、朝鮮は手中のものなるべし抔と口外し居れり。

（外交文書「金玉均等会社設立に関する件」長崎県警部長真崎秀郡から内務省警保局長小松原英太郎宛、一八九一年十一月二十一日）

もちろんこの計画は成就しなかった。だが、渡邉元と金玉均の間では、鉱山開発をめぐって、こうした親密な関係が続いていた。その原点が、長崎での最初の出会いであった。

金玉均を東京で世話する

甲申政変に失敗した金玉均は日本へ亡命した。仁川から千歳丸に乗った開化派は九名。それ以外の連中はすべて殺害された。千歳丸に逃げ込んだ九名の命も危うかった。叛逆者が千歳丸に逃げ込んでいることは分っていたから、鎮圧に成功した朝鮮政府はその連中を差し出すように竹添公使へ要求した。その危機を渡邉元は次のように語っている。もちろん、後から話を聞いたものだ。少しは脚色されているかもしれない。

金玉均の一行、終に京城の虎口を脱し、仁川に逃れ来り。船に乗して日本に航せんとし、船底に潜み居たるに、朝鮮兵士の追綜甚だ急にして、十数人船に迫り来り、あはや乱暴にも乗船して船中を捜索せんと為したりしに、船長辻勝三郎氏は大胆の快男子にして、此の船は日本帝国の船舶なり、他国人の足一歩なりとも入るゝを許さずと大喝して之を叱したるに、さすがの暴兵士も其勇気に懼れて退き去りしと云ふ。当時、金氏は辻氏に対して其高誼を謝し、後日幸に志を得ば、其の欲する所のものを以て之に酬ゐんと云へたるに、辻氏は呵々大笑して、若し貴下の言にして実ならしめば、朝鮮第一の美人を以て我が妻と為せよと。金氏も大に笑つて之を諾す。辻氏は紀州の人。性格豁にして義を好み、大に金氏等の境遇に同情し、別るゝに臨んで金氏等に謂つて曰く。君等此より亡命の客となりて日本に住せんか。朝鮮の名にては甚だ憚あり。幸に諸君に一諾を得て命名の任に当らんと。即ち金氏を岩田周作、朴泳孝を山崎永春、柳赫魯を山田唯一と命名し、其他の亡命者にも夫々命名せり。

（渡邉元談「古筠逸話」葛生玄晫編『金玉均』一四〇―一四一頁）

こうして金玉均は日本名を岩田周作と称した。同じように、中国辺境で武装蜂起して失敗した孫逸仙も日本へ亡命し、日本では中山樵という仮名を使用した。それが後に孫中山と号した由縁である。

だが、金玉均の亡命生活は決して順調ではなかった。金玉均には朝鮮から刺客が派遣され、命を付狙われた。日本で殺されては、日本政府の面子が潰れる。日本政府から見れば厄介者を抱え込んだに等しい。亡命を認めたものの、待遇は冷たかった。

長崎から東京へ入った金玉均は捲土重来、日本で再興を画策した。朝鮮の内政改革を旗印に、朝鮮に渡って挙兵を企て、朝鮮の独立と日本の威勢を回復しようとする大井憲太郎の大阪事件が一八八五年十一月に発生した。大井憲太郎などが一斉に逮捕されたが、金玉均は大井派の連中ともコンタクトをとり、朝鮮挙事を相談した。騒動を恐れた政府は一八八六年八月、金玉均を小笠原島へ流した。囚人でもないのに、事実上の流刑に近い。太平洋に浮かぶ孤島・小笠原での生活は二年におよんだ。さらに八八年七月、今度は北海道へ流配された。札幌、函館などを転々とする。病気療養で東京へ戻ったのは九〇年四月。政府の冷たい仕打ちに渡邉元は憤りを感じていた。彼は金玉均に個人的な援助を惜しまなかった。だが、その舞台は長崎を離れて東京だった。

渡邉元は長崎の人であるが、同時に東京の人でもあった。そしてそこに新たな人物が登場する。東京の銀座大通りに洋装店「伊勢幸」を出していた女主人の青木たけである。

青木たけは渡邉元の妾、すなわち東京妻、二号さんであった。

渡邉元は隠すことなく、堂々と青木たけを東京妻とした。妾を囲うといった隠微なものではなく、それは一種の同志関係であった。

『金玉均』に、青木たけの話が載っている。タイトルは「岩田周作さま」。もちろん金玉均の思い出である。「伊勢幸女史談」となっているが、青木たけの談話である。

私のお知合になりましたのは、矢張此処にお在になります渡邉様の御縁故で厶《ござ》いまして、初め亡命して横浜にお着の節は、山手の何とか申します英国宣教師の宅に潜んで居られましたが、日本政府の方で東京に居られても好いと方針が決まりましたので、東京に来られて、京橋区紺屋町の河岸端に下宿をされました。何しろ御同志のお伴が十三人で厶いまして、それはなかなか大変でムいました。私が御用命を仰せつかりました第一の御用は、十三人様の日本服、それも亡命人のことだから、成るべく質素なものでと云ふ岩田様の御注意でムいまして、お一人前一円二十銭の双子木綿の粗末なもので拵へまして、岩田様のだけは絹双子にいたしました。

伊勢幸は当時、銀座屈指の洋装店であるから、粗末な洋服を作るのは苦労したのかもしれない。

小笠原島から今度は北海道においでになりまして、暫らく御滞留の後、東京にお帰りになりました時には、全然で御様子が以前とはお変りになりまして、第一お召物が御立派で、それにお弄花遊びがお好きになりまして、どうなされたんですかとお聞き申しますと、ナニ斯様してさえ居れば朝鮮の方で安心するのだと笑つて居られました。

サア米が無くなつた、魚屋のお払ひが出来ぬと、色々御用を仰せ付かりましたが、お弄花の資本の御用命にはほとほと困りました。今に勝つたら一度に帰してやると仰いますが、なかなかお勝になりませんですよ。

派手な金玉均の生活を支えていたのが渡邉元であり、青木たけであった。刺客に狙われていたから、住所は明らかにせず、金玉均宛の手紙はすべて伊勢幸宛になっていたようだ。

隙も油断も出来ませんので、お手紙は皆私の宅に来るようになつて居りまして、その手紙は皆私がお手渡するように致して居りました。そのせいですが、警察の方では私にまで探偵をおつけになるやうなことに成りまして、商売のお得意廻はりを致しまするに、実に迷惑をいたしました。（伊勢幸女史談「岩田周作さま」葛生玄晫編『金玉均』一三八―一四〇頁）

命を張って亡命者を匿ったほどのことではなかろうが、青木たけの苦労がよくわかる。

金玉均、上海で暗殺される

金玉均は一八九四年三月二十八日、上海のホテル東和洋行で暗殺された。暗殺者は朝鮮から派遣された刺客・洪鍾宇。長崎から上海へ渡った直後である。この暗殺は、中国の李鴻章と朝鮮政府が描いたシナリオによって、金玉均を上海におびき出し、目的を達成したという説が飛び交ったが、定かでない。

遺体は朝鮮政府に引き渡され、「凌遅斬の刑」に処された。首、胴、手、足など六個に斬りさいなまれ、三日間の曝しものとなった。いかに金玉均にたいする憎しみが強烈であったかが分かるというものだ。

この金玉均暗殺は日本世論を沸騰させた。もちろん国会でも取り上げられた。日清戦争直前であり、反朝鮮、反清国の感情が煽られた。そして五月二十日、日本でも東京の浅草東本願寺別院で盛大な葬儀が執り行われ、青山外国人墓地に葬られた。

金玉均の遺髪、衣服などが納められた棺が有楽町から浅草まで運ばれ、行列には「騎馬の先駆に引続き、尾崎行雄、犬養毅、大井憲太郎、井上角五郎、自由党有志、其他より贈れ生花、造花数十」が続いた。

「当日の会葬者は近衛公爵、谷子爵、三浦安氏等の貴族院議員、尾崎、犬養、中野、大井、阿部、中村等の衆議院議員五、六十名を始め、無慮一千余名もありしなるべく、其他通行の各道筋は何処も見物人堵の如くなりし(4)」(「時事新報」)

盛大な葬儀の姿が目に浮かぶが、ここに登場する名前はビッグネームばかりである。金玉均は亡命中、伊藤博文、山県有朋、後藤象二郎など数多くの政府高官と接触を持っただけでなく、頭山満、宮崎滔天など大陸浪人と呼ばれるような人々、さらには名も無き庶民と幅広く関係を結んだ。その一人が渡邉元である。

こうした著名人の名前を見ていると、名も無き渡邉元の存在が薄れてくる。もちろん葬儀には渡邉元も参加しているが、注目されることはなかった。金玉均と渡邉元の関係を強調することは、少しオーバーかなと心配するほど、大物に囲まれた金玉均であった。とはいえ、政治的な活動は別にして、渡邉元と金玉均の個人的な関係は濃厚であった。最後の上海行きの直前においても、渡邉元と深くかかわっていた。

青木たけは次のように回想している。

岩田さんの最後の東京御出発が二十七年の三月の九日であつたように覚えて居ります。その前日かにおいでになりまして、一寸遠方に往つて来る、甘くいつたらお慰みだが、万一しくじつたら、馬鹿な兄をもつと思つて諦めて呉れと申されまして、それがほんの最後のお別れのお言葉となつて仕舞ひました。

（伊勢幸女史談「岩田周作さま」一四〇頁）

実は、上海行きは、金玉均にとっても一種の掛けであった。李鴻章と直接談判で局面を打開しようと考えたのであるが、日本を離れれば身の危険が深まることは覚悟していたようだ。金玉均は青木たけに、今生の別れともいえるような挨拶をして東京を離れた。そして長崎に向かい、そこから西京丸に乗って上海へ渡ったのである。

長崎は渡邉元のところである。挨拶なしに通過するわけにはいかない。渡邉元は次のように述べている。

金、上海行の時は、自分は東京に居たのであつたが、その途次長崎で、自分の母を見舞つて呉れて、其席で手紙を書いて自分に送つたのが、遂に彼の絶筆となつた。

（渡邉元談「古筠金玉均」七八頁）

その手紙は「金玉均の渡邉南岬に贈れる書」として『金玉均』に収められている。

昨夜無事着埼、同行も有之、船中に宿止、今朝上陸、萱堂に謁し、如見我母、歓喜可言。母堂脳病も殆んど平癒、御安心被下度候。兄の近状も大略御話申上置候。弟、明日抜錨、帰期は来月にあり。先は御宅上安全御報のみ。匆々。

（同前、七八―七九頁）

渡邉元の母親に会い、「自分の母親に会ったようで、とても嬉しかった」とは、単なる儀礼的表現ではなかったろう。金玉均は渡邉元と義兄弟の契りを結んでおり、長い亡命生活の果て、死中に活を求める上海行きを前にして、本当の母親に会った気分であったに違いない。

金玉均に最後に会ったのが渡邉元の母親モトであった。モト六十一歳のときである。こうして一八八二年から始まった渡邉元と金玉均の友情は、その十二年間の幕を閉じた。

金玉均の亡命中、渡邉元の生活は決して豊かではなかった。そのなかで青木たけの援助で金玉均の生活を支えてきた。金玉均が暗殺される九四年頃には、松島炭鉱の経営も軌道に乗り、ようやく炭鉱主としての地位を確立し始めていた。金玉均が暗殺を免れておれば、渡邉元ももっと金銭的な援助ができていたのであろう。

注

1 渡邉元については横山宏章『草莽のヒーロー「無名の英雄・渡邉元」と東アジアの革命家』（長崎新聞社、二〇〇二年）、に詳しく記している。本章は、同書の金玉均に関する部分を転載し、注をほどこしたものである。

2 琴秉洞『金玉均と日本――その滞日の軌跡』緑蔭書房、一九九一年。

3 「西海新聞」は長崎県立長崎図書館に所蔵されている。

4 琴秉洞『金玉均と日本――その滞日の軌跡』前掲、八六八―八六九頁。

長崎「東洋日の出新聞」にみる日露戦争

長崎からの視点

日露戦争は国際政治の観点から、あるいは日本の軍事的、外交的、経済的側面など、様々な視点から分析されてきた。ここでは比較的手薄な地方からの視点、しかも新聞論調で捉えてみたい。具体的には長崎の新聞論調からの視点である。

日露戦争以前、ロシア艦隊は修理のための造船所を備えた長崎港に、しかも不凍港であったせいもあって長期停泊することが多く、長崎とロシアの関係は濃厚だった。長崎の稲佐山国際墓地には、ロシア人墓地が広い。もちろん日露戦争も長崎と関係が深い。それはバルチック艦隊が敗北した日本海海戦（当時の新聞では「日韓灘海戦[1]」と表現されていた）が対馬沖で展開されたというだけではない。日本連合艦隊は佐世保の軍港から出発し[2]、長崎市にも戒厳令が敷かれ[3]、戦争の前線基地として機能したからである。

当時、長崎には「東洋日の出新聞」、「九州日の出新聞」、「長崎新報」、「鎮西日報」、「長崎新聞」（一九〇五年一月創刊）の五紙があり、独自な論を張っていた。ポーツマス講和条約が結ばれると、国民は期待したほどの権益をロシアから奪い取ることができず、激しい講和反対の運動が発生した。一九〇五年九月五日に発生した日比谷焼打事件がもっとも有名である。

その対外強硬路線を求める風潮を受けて、長崎でも「九州日の出新聞」、「長崎新報」、「鎮西日報」、「長崎新聞」の四紙が共同で講和反対の集会を行った。だが「東洋日の出新聞」だけは、戦争中から早期講和の必要性を唱え、全権大使・小村寿太郎の講和努力を高く評価し、ポーツマス条約が締結されても、その支持を唱えた。中央でこの論調を展開したのは徳富蘇峰の「国民新聞」など数紙にとどまる。(4) ここでは、長崎で唱えられたこの独自な論調を検証してみたい。

鈴木天眼（1867-1926）鈴木正寅氏蔵（『孫文と長崎』長崎文献社刊より）

「東洋日の出新聞」は鈴木天眼(5)（一八六八〜一九二六）が日露戦争の直前に当たる一九〇二年一月に創刊した新しい地元新聞であった。社長・主筆である鈴木天眼の独自性が、いわば同紙の個性を浮き立たせていた。そこでまず導入として、鈴木天眼の経歴を紹介する。

鈴木天眼は一八六八年に福島県二本松に生まれた。当然、薩長の藩閥政治、元老政治に反発した。一八九三年東京で、秋山定輔の「二六新報」の主筆としてジャーナリズムの世界に身を投じた。しかし、言論の世界だけでは満足せず、韓国の支配権をめぐって日本と清国の関係が劣悪になると、民間の軍事組織「天佑侠」を組織し、自らそれを率いて朝鮮に渡り、日本が朝鮮に軍事介入できる混乱状況を醸成しようと画策した。「我が政府をして清国膺懲《ようちょう》の師を興さしむる端を作らんとした」(「列伝・鈴木力」『東亜先覚志士記伝』下巻、七六三頁)といわれる。

結果的には日清戦争が勃発し、その狙いは成功したかに映る。しかし逆に勝手な過激行動によって日本政府に追われる身となってしまった。明らかにその行動主義的論調は、列強との争いの時代、日本は生存をかけて積極的に大陸に進出し、しかも中国大陸の一角に建国すべきであるという「大陸建国」論であり、積極的な大陸経営・大陸進出派の一人であった。

その後、一八九八年十二月、長崎で「九州日の出新聞」を創刊するが、内部対立で三年後に同じく長崎で「東洋日の出新聞」を発刊した。長崎県立長崎図書館には、ほぼ完全な形で保存され、研究対象としては貴重な史料を提供している。他の四紙では、日露戦争時期については「鎮西日報」だけを見ることができる。

鈴木天眼はいわば国家主義的な「対外硬論者」であり、膨張主義的な「国権派的アジア主義」[6]の系譜に当たる。頭山満の「玄洋社」や中国革命に奔走した「黒龍会」の内田良平らと親しく[7]、その関係で辛亥革命前後の中国亡命者グループを支援し、孫文やその支援者である宮崎滔天とも関係が深かった。一九一三年三月、孫文が長崎を訪問したとき、わざわざ鈴木天眼宅を訪問し、「東洋日の出新聞」のメンバーと旧交を温めたほどである[8]。袁世凱打倒の第二革命

1913年２月22日、鈴木天眼宅を訪れた孫文一行と東洋日の出新聞社の社員たち（左より金子克己、宮崎滔天、福島熊次郎、鈴木タミ、孫文、鈴木天眼、西郷四郎、戴天仇、菊池良一）鈴木正寅氏蔵（『孫文と長崎』長崎文献社刊より）

で長崎に亡命した柏文蔚らに対しても支援の手を差し伸べた[9]。だが、基本的には早くから朝鮮の保護国化、満州での建国を主張し、朝鮮併合、満州国建設の先駆的論調を提示していた。同時に反骨精神も旺盛で、反権力・庶民的論調をも展開し、中国やロシアの革命派と気脈が通じた。

日露戦争開戦前の論調

日本では「北清事変」といわれる八カ国連合軍による義和団運動鎮圧の北京進軍は、その後の列強間に緊張をもたらした。ロシアが東北三省（満州地方）に大規模な軍を駐屯させ、勢力範囲の拡大に精力を注いだからだ。それは日本から見れば、明らかに朝鮮への圧力であり、日本は満州からの撤兵を渋るロシアに強い脅威を抱いていた。

当時、日本の政局では、対露戦略として、様々な対応が存在したが、その一つに「満韓交換」論が存在していた。鈴木天眼は、ロシアと日本の交渉が始まるにあたって、はっきりと中国大陸（満州）に新しい日本国を建設する「大陸建国」の観点から、ロシアとの戦争を主張した。ロシアに対抗して朝鮮だけでなく満州をも日本の手中に収め、そこに日本の国家建設を進めるという拡張路線である。だからロシアに対して、いわば主戦論者であった。自ら「東洋日の出は日露問題に対して最も強硬なる主戦論を標榜し、遠く昨年の央頃より当局を覚醒し、国民を誘掖《ゆうえき》して一日も変ることなし」(「日露の必然的破裂」「東洋日の出新聞」一九〇四年二月一日)と、豪語している。

では、ロシアとの開戦前交渉が始まる一九〇三年中葉の段階で、何を主張しているか。「日本の安全を図るには必ず朝鮮を我勢力範囲に収め、即ち日本海をば我庭園の泉水たる実に帰せしめ、更に裏手に廻りて、渤海湾の一部鴨緑江の下流をば我邸宅の外濠たらしむるを要す」(同前)「満州問題は決して満州一方面を切り離しての問題に非ず。満州と朝鮮とをツッ括めての問題である」[10](同前)

大胆な構想である。いわば、朝鮮、満州、日本海、渤海湾一帯からロシア勢力を一掃し、それをすべてひっくるめて日本の「庭園」に組み込む必要を唱えている。

そのためには満州と朝鮮を分断すべきではないといい、「満韓交換」論を批判する。すなわち「爾が眼光を満韓一束の大局に放射せよ」(同前)と叫ぶ。「満韓一束」とは、満州と韓国を一つに束ね、両地域を統一した大陸政策に取り組まなければならないという視点である。なぜなら「満州問題なる者は日本が大陸に建国する精神気魄を貫く耶」「大陸建国の国是こそ大本なれ」(同前)であるからだ。朝鮮を支配し、さらに進んで満州を併合し、島嶼国家である日本を大陸国家へと羽ばたかせる必要があるという。列強と角逐できる強国に成長するためには、満州が生存基盤であるという認識である。だから「満州は我国の拠りて以て世界経済の局面に角逐する生存地盤たるが故に、露国の領略を許さず」（同前）という。後に日本軍が主張する「満蒙が日本の生命線」論に通じる。

ロシア軍が満州に駐留し続ける以上、実力でロシア軍を排除し、その力で満州を清国から奪い取る好機であるとみなしていたのである。なぜ、このような強硬論であったか。それは日清戦争、義和団事件以後における日本の大陸進出が不十分であるという不満がくすぶっていたからだ。

大正二年三月二十一日　東洋日の出新聞

東洋日の出新聞

金曜日

孫氏來

孫文の長崎訪問の報じた、1913年３月21日の「東洋日の出新聞」長崎県立長崎図書館（『孫文と長崎』長崎文献社より）

日清戦争で中国に進出する足がかりをつけた日本は、続いて八カ国連合軍の勝利で欧米列強と肩を並べる大国に成長し、大国の権利として、他の列強と同じように大陸に対しては勢力範囲を拡大し、権益拡張の帝国主義的利権を確保することが当然視されていた。にもかかわらず、日本は他の列強が得ているような帝国主義的権益の確保に十分ではないという不満があった。

不満は次のようであった。「東洋日の出が

主張する如く大陸建国の発踵《はっしょう》を実現」（「国民は如何に此時局に処せむか」「東洋日の出新聞」一九〇四年一月十一日）しなければならないが、現実はどうか。「（日清戦争後）略十カ年を費せる今日贏《か》ち得たる所は、韓国に於ては僅に四十八哩の鉄道を敷設し、清国に於ては福建に於て何事か経営するとの説ありしも今に何らの事あるを聞かず」（同前）中国や韓国で克ち得た帝国主義的成果は、何も上がっていないではないかと危惧する。だからロシアを排除し、「国民は此際宜しく満州朝鮮の二州に向つて進前し、其土地に直着して寸より、尺を進め、尺より丈を拡めて実経営に従事し、産業的実利を獲するを期せざるべからず」（同前）と、満州、朝鮮の一括支配をロシアに代わって確立することを求めた。

だからこそ、日露戦争の勃発は、まさに鈴木天眼にとって「天佑」であった。「東洋日の出新聞」は地方新聞ながら、朝鮮半島に特派員を派遣し、戦局の変化を次々と報道した。その一人が西郷四郎である。彼等は報道活動だけでなく、軍事組織としての「満州義軍」を組織し、ロシア軍に対するゲリラ戦略を展開した。

講和推進論調へ

期待通り日露戦争が勃発し、旅順陥落、奉天占領、そして日本海海戦勝利という具合に、同じく期待通りに日本は「勝利」を重ねた。しかしそれは多くの兵士を失うという犠牲の上での

西郷四郎（1866 - 1922）
（『山嵐西郷四郎』より）

勝利であり、長崎の貿易活動は多大な影響を受け、長崎経済は日本経済と同じようにガタガタとなり、決して順風満帆な勝利ではなかった。

鈴木天眼らはロシア軍への攻勢を主張しながらも、他方では長期戦となり、さらに多くの犠牲者がでることを危惧し、外交交渉による講和、平和回復を求めるようになった。

だから戦争の目的はロシア軍の撲滅ではなく、極東からの排除、撤退にある以上、戦争の目的を限定して、その限定された目的を達すれば、早急に戦争を終わらせるべきであると主張するように変化した。もちろん、外交交渉を突然持ち出したわけではない。もともと、外交の重要性は早くから認識していた。日露戦争が始まった直後、「戦時に当りて戦争以上に注意す可きものは外交であり」（「戦争と新聞紙」「東洋日の出新聞」一九〇四年三月二十一日）と主張し、同時に「戦争熱に酔ひかけて居る」国民が外交知識にきわめて幼稚であることを心配している。

一九〇五年に入り、旅順、奉天戦役が終わると、休戦に向けての外交交渉、講和をはっきりと主張する。「何をか裏面の戦争と云ふ。曰く、外交の優劣如何」「日露戦争の表面は既に解決せられたり。而も、日露戦争の裏面は未だ解決せられず」（「裏面の日露戦争」「東洋日の出新聞」一九〇五年三月二十八日）

戦争には表の戦争と同時に、「裏面の戦争」である外交があり、むしろ外交の重要性を強調しはじめた。それは、戦争の勝利だけに驚喜する論調を戒めると同時に、裏面で外交交渉を進めるべきであるという認識でもあった。

鈴木天眼のこうした姿勢は比較的早くから見られる。旅順が陥落した後、まだ奉天会戦が展開される前の一九〇五年二月十九日に、講和の重要性を語る連載記事の掲載を予告した。実際には四月九日から「平和克復の根本、戦事外交両面談」が連載され始め、それは八月二十七日まで五十五回も続いた。ロングなマラソン連載である。その内容をすべて紹介するわけにはいかないが、全体を貫く基本的な観点は次のようなものであった。

① 日露戦争の限定された目的とは何か
② 勝利を続けている日本の軍隊の客観的戦力の分析
③ 極東を取り巻く列強のバランス・オブ・パワーの分析

その結果、「大陸建国」の目的を達成する条件を確保する以上の軍事的展開は無意味であること、日本軍はロシア軍を撲滅するだけの態勢が確立していないこと、これ以上、日本兵の血を犠牲にしてはいけないこと、他の列強の動きを考慮しない身勝手な欲望は破綻すること、などを唱えた。最大の目的は、ロシアからの全面勝利を目指して戦争続行を強調する強硬派を「群論」として糾弾することにあった。

まず、日本軍は破竹の勢いで勝利しているように映るが、実は軍事的には行き詰まっていることを明らかにした。

「何時の頃やら知らず、我が砲兵工廠は極力規模を拡張して昼夜兼業を以て小銃の急増を勉めしも、製造限度甚だ思はしからず、補給と新給両《ふた》つながら弁すること協《かな》はねば、兵は揃ふても出陣せしむる能はず」だから「日露の戦局を洞察し、平和克復の時期及び其最良なる方法を説明すること大自在なるを得」（「平和克服の根本、戦事外交両面談」2「東洋日の出新聞」一九〇五年四月十日）という結論を引き出した。これ以上、戦争を続けても、補給を確保することができないという冷徹な認識である。だから戦争は日本が勝利してロシアが敗北した無条件降伏という形態はとれないことを悟らせようとした。

邦人の注意を要する事は、今回の和議たるや露国の無条件降伏に非ず、国際的体面（精神は別問題として）に於ては、講和時機に対する両交戦国の偶合的意向に出でたる和議開始なる事、是なり。

（「平和克服の根本、戦事外交両面談」37「東洋日の出新聞」一九〇五年六月十二日）

双方が武力解決ではなく講和の必要性を感じ、時機が熟したに過ぎないことを認識しろという。興味あることは、まだ交渉都市が決まっていないこの段階で鈴木天眼は「談判地は日本長崎を以て之に充つること順当なり」（同前）と主張したことである。城下の盟ではないからモスクワやペテルブルクではなく、さりとて北京でもなく、下関（日清講和条約の地）でもなく、長崎が適任という。理由を見る限りさほどの説得力は無い。

もっとも和議の必要性の理由が簡潔に論じられている記事は七月二十五日の「彼我位置の各優劣（休戦は早晩来る可し）」（「東洋日の出新聞」一九〇五年七月二十五日）である。

「東洋日の出新聞」の主張と世間の主張との違いを次のように整理する。

●世俗の論（群論）＝強気論、すなわち最後の雌雄を決するまでのロシアとの徹底戦争論（永久戦）

●「東洋日の出新聞」＝弱気論、すなわち早期和議論

「東洋日の出は世俗に比して弱きが為に弱気論を吐くのでは無けれど、平和は是非共今回の談判を以て収めざる可からざる」「畢竟我等は世俗の論に比すれば、外形上頗る弱気の側なる可し。我等は今回に限りて政府に信頼す。我等は特に小村寿太郎氏の人物に信任す」

こうして現実をわきまえぬ群論の無謀さを批判した。

今日、世俗の群論中無闇《むやみ》矢鱈《やたら》に強き事を言う＝自己が局に当つたならば、此前途二年三

年の永久戦をば如何にして継続する乎と云ふ財力上及び軍事上の成算をば立つる莫くして妄りに償金五拾億の沿海州割譲のと註文を立て其が出来ずば飽まで戦へよと計り大言壮語する所の＝遺レ遺レ論者たる者。

軍事的な計算無く、ただ戦争賠償金や領土割譲だけを求めて強気な主張をすることの愚かさを糾弾するのである。真の戦争は最後まで戦うのではなく、相手から政治的妥協を引き出せばそれでよいという視点である。「戦争は外交の延長」という鉄則をわきまえていた。

外交上の秘相と彼我の財力上及び軍事上の実勢とより割出して日露双方が折合う事、折合はねばならぬ事を確認する。

戦争が長引けば、さらに死傷者が生まれる。その犠牲を考えずに多くの賠償金や領土を求めるのは、欲張りすぎであると戒めた。

強気論者に従つて此上拾五萬弐拾萬の忠良の将士卒を犠牲として、其で完全なる条約と世俗の思惟する欲張り条件＝彼等は貧乏人の根性と弱国の神経病とを脱せざるが故に、金高さえ太ければ嬉しがり、又敵の領土を沢山割譲せしめねば不安と思ひ、因て多額の償金と大大的土地割譲とさへ出来れば完全の条件と心得る也。而して其は実際に於ては寧ろ昔噺の重い葛籠を択ぶ欲張り条件。

額と面積との少々の不足は憂ふるに足らずと雖ども、血は容易に回復せじ。

ではどうすればいいのか。早く和議で戦争を切り上げ、少なくとも朝鮮の保護国化、南樺太の確保、満州からの撤兵だけを達成すれば十分である。それ以上は要求しない。賠償金を得られないのは残念であるが、むしろそれに固執するのではなく、得た朝鮮、樺太、満州で「大陸建国」の実をあげるほうが有益であるとみなした。

ロスキーに濺ぐ血をば此辺にて切揚げて、国家の精力をタネとして保存し其を長養し其を発揮し、其をして国内の教育、軍政、社交、生産の各方面に分注せしめて以て国力内長を期し、之と同時に朝鮮及び樺太の握有、満州の実地経営に供用せしめたく望むこと切なり。

以上が七月二十五日の記事内容である。ほぼ、主張の核心は述べられている。

そこで述べられていない点で重要な論点は、交戦国の論理でのみ、講和条約が成立するのではないという点である。すなわち列強が角逐する極東での覇権争いである以上、それは周辺の列強との関係を無視して決めることはできないという相対主義的バランス感覚の堅持である。

日露戦争は実際の意味に於て両交戦国ばかりの格闘に非ず。従つて講和は体制に順応する時機を要し、条件の如きは自国本位と列国本位との両思想斟酌を要して、敵国を窮鼠的死境に迄は陥れぬ事。

(「平和克服の根本、戦事外交両面談」55(日露国争の結尾)「東洋日の出新聞」一九〇五年八月二十七日)

日本は実力からみて戦争でロシアを最後まで追い詰めることはできないが、できたとしてもそれは外交的成果を得るには望ましいことではないとみなす。それはロシアが窮鼠猫を嚙むからではなく、列強が許さないからである。戦争を交戦両国間の問題ではなく、日清戦争後の三国干渉を持ち出すまでもなく、広く関係列強との競合関係の中で処理しなければならないことは当然であるが、当時の世論はそこまでの配慮が薄かった。

ポーツマス講和条約の支持

九月に入ると、ロシアから一銭も賠償金が取れないことが判明した。国論は憤ったが、鈴木天眼は、この講和条件で、賠償金に代わる十分な権益を確保したと強調するようになった。日本が獲得した権益の多少を論ずることだけではなく、ロシアが失った権益を考察すれば、十分に成果は上がったとみなした。

ロシアの失った権益を並べながら、説得を試みている。東清鉄道や旅順、南樺太を失うことの打撃を強調している。

東清鉄道と旅順大連の拋棄《ほうき》＝之が露西亜に取りて何程痛き何程酷き譲与と云ふ真味をが、今の群論は解せり耶。強露数百年の宿志、君臣一致の凝念、投資幾億のソノ産物たる不凍港をムザムザ日本に譲るのぞよ。

（「平和克服其自体が国家大開運の吉慶」「東洋日の出新聞」一九〇五年九月三日）

彼が不凍港を東洋に獲て海軍根拠地を作り以て太平洋を横領せむと計れる数百年来の宿望は茲に挫かれたり。幾十億に値する要塞と大連と東清鉄道とを日本に献上し、日本の半分に均しき朝鮮を交付し、樺太の半分及び無量の漁利を我に割ける其苦痛は、勝者たる日本が償金を獲ざりし位ひの不満に比しては、幾百千倍成るを知る可からず。

（「官僚政治打壊と和戦是非の本末」「東洋日の出新聞」一九〇五年九月十日）

このロシアの損益に対し、日本が得た利益があまりにも大きいことを強調した。

長春以南の鉄道を日本が取れば、南満州は日本の勢力範囲に帰し、韓国義州から鴨緑江を渡りて奉天迄の鉄道線を成し得る故、鉄嶺の険から遼河の要害と富源とを含んで、鳳凰城賽馬集方面から鴨緑江を越えて韓国北境に一線を画し、日本は茲に露国喰止めの基礎を作り得る事と為り、此に満韓係争問題の精神は我の全勝として解決了さる次第なる。

朝鮮の政治的、軍事的、経済的方面に於て日本が指導し、保護、管理を行ふの権を確かめ、（露西亜が納得して）得たるからには、モー是は朝鮮は日本の保護国なりてふ事実の構成である。

大連旅順の租借譲与と云ふ事は、露西亜が着た満州に出兵でもする時は、直ぐに我要塞兵を鉄道にて北方へ輸送して之を防ぐ根拠地と、極東貿易の中心点とを獲得した者で、此効の大なるや無量無限である。畢竟日清戦争で獲得して、而して三国干渉で強奪されし土地とは、今度の戦勝に因て回復されたに均しい。

（「講和条件の実質は世の予想外に好良」「東洋日の出新聞」一九〇五年九月十一日）

露国が極東に押し冠せたる満州閉鎖、支那丸呑と云ふ侵略の潮を日本の独力を以て弾き返して、開放と平和の生面を開きつる大業は、如何に素晴らしき偉功ぞ。

（「平和克服其自体が国家大開運の吉慶」）

この条約で十分に「大陸建国」の足固めができ、朝鮮は事実上の保護国にしてしまった。あとは確実にロシア兵が撤退するのを確認できれば、賠償金を得ることができなくても、戦争の目的は達成できたと考えるのである。

露の撤退を実際に確かめ、満州開放を有効にし、韓国を我に収め、満州防備に関して支那の後見人と為り得ば、償金が一銭も取れずとも、我等は政府を容捨する。

（同前）

日本の韓国握有を完全にし、露国の北満州撤退を確実にし、西比利亜鉄道と東清鉄道との使用を平和と貿易との本用に供する実勢を緊密にし、清国擁護の地歩と開放主義とを併行せしめ、日露通商条約を改訂して、彼我商業上の親和の機軸を作り、日露共に武力的侵略を互ひに制裁す可き誠意と方法とを具体的に表明するの時、即ち是れ真の平和克服で有る。

（「大憤慨と大開悟」「東洋日の出新聞」一九〇五年九月四日）

彼にとって戦争の目的は、中国の大地に日本国家の礎を築くことである。その第一歩が朝鮮であり、朝鮮にとどまることではない。その道筋をつけたのが、今回のポーツマス条約であるという。

朝鮮問題の如きは、日本が下関、長崎より釜山へ連絡し、釜山より京城義州へ、義州より鴨緑江を渡りて奉天営口へ、営口より天津へ、天津より北京への鉄道の一横棒を引く為の用地に過ぎじ。金も商売も生活地盤も三億の民衆と無限の土地と富源とある支那より外に目指す処は最早世界に残つて居らぬ。

（「平和克服無上感」「東洋日の出新聞」一九〇五年九月十六日）

限定戦争の背景には、ロシアの強大な影が見える。鈴木天眼はロシアの巨大な潜在力を恐れ、これ以上戦争を続ければ、日本の敗北は明らかであり、現在手に入れている権益すら失う危険を察知していた。同時にこうした大国を相手の戦争継続は、いたずらに日本兵の血をさらに流すだけの無謀であり、それは避けなければならなかった。

事実上、敵国人の規模は、鉄道経営に於ても、要塞建築に於いても、大砲の射力に於ても、軍馬に於ても、財力に於ても、外交に於ても、缶詰に於ても、鶴嘴《かくし》に於ても、巨大なりし也。

（「二十世紀軍人の最剛絶真の精神」「東洋日の出新聞」一九〇五年九月七日）

このような大国と戦争を無限に続ければ、まさに殺し合いとなって、多くの犠牲をしいられることになる。それは政治目的を持った理性的な戦争ではなく、憎しみの殺し合いの戦争である。「此上戦はば、其は戦争では無い。動物的殺戮である」（「平和克服其自体が国家大開運の吉慶」）と言い切っている。

「大陸建国」論者としての鈴木天眼

講和反対で日本社会が騒然とするなか、長崎でも九月十二日、講和に反対する「非講和市民大会」が開かれた。発起者は、「長崎新報社、九州日出新聞社、長崎新聞社、鎮西日報社」で、「今回の講和は千古の屈辱なり。爰《ここ》に我市民一同の意見を発表する為、市民大会を開かんとす」（「市民大会」「鎮西日報」一九〇五年九月十二日）と、参加を呼びかけた。

参加者は五千人というが確かではない。決議案は次のようであった。

今回、我政府が露国と締結したる講和条件は宣戦の詔勅に悖《もと》り、戦捷《せんしょう》の効果を没却し、東洋の平和を危ふし、君国の大事を誤るものなり。故に吾人は速に此屈辱講和を破毀せんと期す。

（「昨日の市民大会」「鎮西日報」一九〇五年九月十三日）

その四紙共同の集会に対して、鈴木天眼は反対の論陣を張った。

東洋日の出新聞は、非講和大会と云ふ者には反対です。
我社は対露開戦の主唱者たると同時に、平和克服の祈願者なり主唱者なりで、此の上に忠勇の将士卒を殺さしねる事は日露共に無用且つ有害と識り、戦争が天命なりしと同じく此際の平和も亦天命なりと確信し、講和条件は容忍し得る者と論証し、非講和を名として世道人心を紊《みだす》る者の不実を憎むからです。

（「宣言！」「東洋日の出新聞」一九〇五年九月十一日）

競争他紙との違いを鮮明にして、販路を伸ばそうという戦略もあったのであろうが、それにとどまるものではなかろう。面白いことに、社内にも講和反対の見解は少なくなかった。新聞紙上に「社中少数意見」として、その見解が正々堂々と掲載されている。「少数意見」として明記されていながらも、紙面に意見表明がなされているのは、鈴木天眼の主張が必ずしもすべてを支配していたわけではないことを物語っている。

嗚呼拙劣なる講和折衝の結果は、第二日露戦争を招かずんば止まざるの禍根を貽《のこ》し、這般の戦争をして無意義のものと化し了せり

償金一件は如何、我が其要求を撤回せしこそ国民のもっとも痛憤せる処なれ。

（「社中少数意見　不満足なる講和（打破するの要あり）」白衣公子「東洋日の出新聞」一九〇五年九月三日）

賠償金が取れなかったことに不満が集中したのであろう。とりたてて面白い観点ではない。だから鈴木天眼も社内不満派のガス抜きとして、掲載を認めたと思われる。

鈴木天眼がなぜ、ポーツマス条約による講和を支持したのか。彼の主張は既に紹介したが、それ以外の要因はあったのだろうか。

牧野登によれば、二つあるという。[11] 一つは、対露貿易の拠点であった長崎は、経済的打撃が大きく、早期講和の必要性を感じていた。一つは、長崎で発行していた亡命ロシア革命派新聞「ヴォーリャ」のニコライ・ラッセル[12]と関係を結んでいたことが影響している、という。

確かに長崎の貿易は低迷し、九州では門司港に主役の座を奪われ始めていた。[13] その危機感が強かったのかもしれない。また「東洋日の出新聞」にはロシア戦争の報道ばかりではなく、ロシア革命派の動きや戦艦ポチョムキンで有名な黒海艦隊の反乱などを詳しく報道している。ツァー体制の内部崩壊を予見していたからこそ、日本の道を講和に求めたのかもしれない。

興味ある点は、既にこの時期、鈴木天眼は中国亡命革命派の孫文に関心を抱き、孫文が長崎に立ち寄った時、連絡を取り合っていたことである。ロシア革命派、中国革命派と一脈を通じ合いながら、他方では朝鮮、満州への「大陸建国」を求めていった。「革命」と「侵略」の融合が、まさに鈴木天眼の真骨頂である。

この小論からいえることは、鈴木天眼は小村寿太郎の講和条件に積極的に賛同し、早期の終結を求めたが、決して戦争反対論者ではなく、逆に大陸侵略には積極的な推進論者であったということである。その意味でまさに「対外硬論者」であった。ただ、日本とロシア、および列強に横たわる彼我の力量の冷静な分析があり、そこが「戦争熱」に浮かれた「群論」を超えた段階的侵略、「大陸建国」論者であったことが分かる。

注

1 「大日本海軍全勝　バ艦隊全滅」「東洋日の出新聞」一九〇五年五月三十日。
2 『佐世保市史』総説篇、佐世保市役所、一九五五年、三三九頁。
3 「戒厳令の執行」「東洋日の出新聞」一九〇四年二月十六日。
4 内川芳美「日露戦争と新聞」『明治ニュース事典』第七巻、毎日コミュニケーションズ、一九八六年、三六頁。
5 鈴木天眼については研究が少ない。栃木利夫「辛亥革命と鈴木天眼——一人の対外硬論者の対応——」『歴史評論』一九七四年十一月号、及び「東亜問題と東洋日の出新聞」「列伝・鈴木力」

黒龍会編『東亜先覚志士記伝』原書房、一九六三年（復刻版）、和田春樹「『ヴォーリャ』と日本人（三）――「東洋日の出新聞」の人びと」『ニコライ・ラッセル』下、中央公論社、一九七三年を参照。

6 栃木利夫によれば、鈴木天眼は「国権派アジア主義者」であり、「対外硬論者」であるという。栃木利夫「辛亥革命と鈴木天眼――一人の対外硬論者の対応――」前掲、三八、三九頁。

7 日清戦争期の「天佑侠」時代の鈴木天眼は、内田良平と共に行動したが、日露戦争では内田良平は講和問題同志聯合会のメンバーとして、激しくポーツマス講和条約を糾弾し、鈴木天眼とは対照的である。酒田正敏『近代日本における対外硬運動の研究』東京大学出版会、一九七八年、二七九～二九三頁。

8 横山宏章『草莽のヒーロー「無名の英雄・渡邉元」と東アジアの革命家』長崎新聞社、二〇〇二年、参照。

9 横山宏章「柏文蔚の第二革命と長崎亡命――一九一三年―一九一五年」『中国研究月報』二〇〇三年一月号、参照。

10 「日露の必然的破壊」「東洋日の出新聞」一九〇四年二月一日に収められている再録から。もともと一九〇三年七月一日に掲載したというが、この号は欠落して見られない。

11 牧野登『史伝西郷四郎』島津書房、一九八三年、二八五頁。

12 長崎のニコライ・ラッセルについては和田春樹『ニコライ・ラッセル』前掲、が詳しい。

13 「長崎港の大打撃」「東洋日の出新聞」一九〇四年十月一日。

長崎に亡命した柏文蔚

中国革命と柏文蔚

柏文蔚（一八七六―一九四七）は安徽省寿州出身で、中国同盟会、中国国民党の代表的な軍人革命家の一人である[1]。

彼は清末期、安徽省懐寧出身の陳独秀（後に中国共産党を創設）と一緒に清朝打倒を目指す革命結社「岳王会」を結成したことで知られる[2]。その直後、孫文の中国同盟会に加盟し、革命派の軍人として活動した。中華民国誕生後は、その功績をもって安徽都督に就任した。

柏文蔚をもっとも有名にしたのは、袁世凱打倒の第二革命（一九一三年七月、八月）である。袁世凱臨時大総統が国民党系都督の李烈鈞（江西都督）、柏文蔚（安徽都督）、胡漢民（広東都督）を解任した時、柏文蔚は李烈鈞らと袁世凱打倒の武装叛乱に立ち上がった。これが第二革命である。

第二革命は短期間で鎮圧されたが、叛乱首謀者として逮捕状が出て、柏文蔚は国民党指導者の孫文、胡漢民、黄興、陳炯明らと日本へ亡命した。孫文は東京に亡命し、そこで新しく中華革命党を組織したが、李烈鈞、黄興らは孫文と対立して、中華革命党には参加しなかった。この対立の狭間で、仲介の労をとって苦労したのが柏文蔚であるが、彼も亡命地を長崎に定め、東京の孫文とは一定の距離をおいた。

ここでは、第二革命と長崎亡命時期の柏文蔚に焦点を定め、彼の苦悩を明らかにする。ただ、柏文蔚にはまとまった著作集がなく、その全体像を明らかにすることが困難である。断片的な資料を駆使しなければならないが、日本外交史料館の外交文書や長崎での資料などを利用しながら、できるだけその実像に迫ってみる。

第二革命

柏文蔚（1876-1947）（『中国近現代名人図鑑』湖南人民出版社より）

辛亥革命によって一九一二年一月一日、中華民国南京臨時政府が成立した。初代の臨時大総統に就任したのは孫文であった。しかし、南京臨時政府の支配地は南の十七省にすぎなく、北京には大清帝国の清朝政権が並立していた。新しく誕生した南京革命政府は、北京に攻め込む軍事力を持ち合わせず、南北交渉によって孫文は清朝政府総理大臣の袁世凱に臨時大総統のポストを譲った。こうして袁世凱は最後の皇帝・溥儀を退位させ、全国を統一した中華民国を誕生させ、二代目の臨時大総統となった。

ところが最初の総選挙で、孫文、宋教仁などが指導する国民党が国会の第一党となり、袁世凱政権と国会の関係が対立様相をおびた。国会の多数派を背景に総理のポストを狙った宋教仁を暗殺した袁世凱であったが、その暗殺は誕生したばかりの国会の権威をないがしろにするものであり、関係は一層悪化した。開催されたばかりの国会は、当然ながら宋教仁暗殺事件の責任追及に躍起となった。加えて、袁世凱は外国から借款を受ける五カ国銀行借款協定を、国会での審議を経ずに調印した。国会の権限を無視する暴挙として、国会は袁世凱の暴走を糾弾することとなった。

国会の多数派を占めた国民党は、議会機能を強化して、国会軽視の政府の権限を縛ろうとした。革命後の混乱をおさめるには政府の強力なリーダーシップが必要だと感じた袁世凱は、国会が政府の行動を縛る議会制度に嫌悪感を顕わにしはじめた。

とはいえ、憲法に代わる「臨時約法」が袁世凱の地位を保証している限り、それを完全に無視することもできなかった。そこで、臨時大総統がもっている各地の都督任命権を利用し、国民党系の三都督である李烈鈞、柏文蔚、胡漢民を解任した。なぜなら、三都督は国会と歩調を合わせて宋教仁暗殺事件や借款問題で袁世凱を非難していたからである。

この時、国民党に残されていた選択肢は二つであった。

一つは、第一党である国会の勢力を背景に、国会の論戦を通じて、袁世凱政権の失政を追求していく道である。議会政治の王道はそこにあった。

もう一つは、誕生したばかりの議会政治を放棄し、軍事力を有する国民党系都督の軍事力を背景に、袁世凱打倒の武装叛乱に立ち上がる道である。

袁世凱は、軍政と民政の「分治」を進め、都督の権限を民政に閉じ込め、各地の軍政は中央政府に統合しようとした。統一した国軍の建設という近代的中央集権国家の建設にとって、軍権の統一は不可欠の道である。だから大義名分は袁世凱にあった。しかし各地でおこった武装蜂起による軍事革命で成立した連合政権としての中華民国は、現実に各地の都督が独自な武力を保有しており、その解体は反対勢力としての国民党系都督の影響力を排除するものであり、議会政治のあり方と深く関係していた。

議会の追求に手を焼いた袁世凱は、国民党系三都督を解任し、自己の配下を新たに任命した。その任命権は臨時大総統にあったから、国会は手が出せなかった。

こうして、国民党は苦境に陥った。結果的に、孫文は武装叛乱という第二の道を選択した。それは、生れたばかりの議会制を破壊することを意味していた。袁世凱は議会制民主主義を破壊しはじめていたが、孫文ら国民党も武装叛乱することで、議会的手続を放棄したからである。

議会制度を無視する武装叛乱にいたる道は、さほど単純ではなかった。二つの道のどちらを選択するか、躊躇するのは当然である。武装叛乱に躊躇し、最も慎重であったのは、黄興であった。

黄興は一九一三年五月十三日、黎元洪副総統への通電で、宋教仁の暗殺問題の解決と借款問題の解決を分けて、冷静に議論することを主張した。すなわち宋教仁暗殺問題は法廷で審議し、「純粋に法律的な解決」をすべきであり、借款問題は「国会の通過」を要求したのである。(3) 黎元洪も黄興たちへの通電で「我輩はただ秩序を守り、静に法廷の決定を待ち、議院で解決し、国を挙げての紛糾を避けたいだけである」（黎元洪「黎元洪致四都督及黄興電」『黄興集』、三二八頁）と強調している。

この過程について、当事者の柏文蔚は次のように回想している。


彼（孫文）が（日本から）帰国する時、宋案（宋教仁暗殺事件）が発生した。三月末、中山先生は上海に戻った。余と克強（黄興）、協和（李烈鈞）が前後して上海に来て、孫宅で会合を開いた。その時、中山先生の袁世凱への幻想は完全に消え失せていた。一切を顧みず、即刻袁世凱討伐の軍を起し、第二革命を発動すべきだと主張した。当時、余と協和、英士（陳其美）は固い決意で同意した。しかし黄克強は南方の軍事力が準備不足であり、袁世凱の仮面は完全には暴露されておらず、袁世凱討伐の挙兵には自信がもてないから、法律的な解決を待って、袁世凱と調停すべきだと主張した。孫、黄二公の争いは熾烈であった。結果、広東と湖南に通電し、譚（延闓）と胡（漢民）に意見を聞いて、再度決定することとした。電報を出した後、返事は皆が法律的な解決を主張していた。

余は法律的解決には同意できなかったから、李協和、陳英士と示し合せて、孫先生を訪れた。目下、直ぐには袁世凱討伐に立ち上がれないとしても、軍事的準備は放棄できないと述べた。(4)

(柏文蔚「五十年経歴」三〇—三一頁)

革命派内部においても、意見が分裂したのである。孫文はもともと、早期の議会制度確立には批判的であり、議会制度が機能しないのであれば、法的解決や議会的解決を待つという合法的な対決に興味を見せなかった。

孫文は第二革命失敗後、黄興に当時の逡巡していた態度を次のように糾弾している。

袁世凱（1859-1916）（『中国近現代名人図鑑』湖南人民出版社より）

鈍初（宋教仁）が死んだ五日後、英士、覚生（居正）らと公寓で国事を討論し、鈍初の死の原因に及んだ。その時、公（黄興）は、すでに民国は成立し、法律も効力を持っている。この問題に対しては冷静な態度で正当な解決を待つのが望ましい、と主張した。……公は再び、南方の武力は不足しており、叛乱しても必ず大局は混乱崩壊してしまう、と（私を）非難した。当時、文は頗る公の言葉は間違っているとしたが、公は聞きいれなかった。

（孫文「致黄興函」『孫中山全集』第三巻、中華書局、一九八四年、一六五頁）

孫文がいうように、直ちに挙兵していたとしても袁世凱の軍事力に勝利できたかどうか確かではない。ただ時間をかけたため、袁世凱に軍事的充実の猶予を与え、それが失敗に導いたという認識である。

袁世凱も対決的姿勢を見せた。五月二十六日に大総統令で次のように挑発した。

叛乱を唱える徒は、早くから売国に甘心を見せ、今回の（借款）交渉後、借款反対を弄し、匪党を糾合して、誇張して偽りと呪い、あるいは領土を喪失する、あるいは主権を喪失すると様々なデマを流し、遂に乱を煽動している。

（袁世凱「大総統申令」白蕉『袁世凱与中華民国』文星書店、一九六二年（復刻版）一四七頁）

そして黄興の「陸軍上将」の肩書を剝奪した。これは薛度君によれば「袁世凱の国民党にたいする『心理作戦』であった」（薛度君『黄興与中国革命』生活・読書・新知三聯書店、一九八〇年、一三二頁）という。叛乱を挑発したのだ。

そして六月に入ると、袁世凱は江西都督李烈鈞、安徽都督柏文蔚、広東都督胡漢民を解任した。七月十二日、ついに李烈鈞が袁世凱へ宣戦布告を突きつけ、こうして第二革命が勃発した。武力蜂起をためらっていた黄興も、江蘇都督程徳全に迫って北京政府からの独立を宣言させ、自らが南京で江蘇討袁軍総司令に就任した。袁世凱討伐に立ち上がったのだ。黄興は明らかに態度を豹変させた。

南京で黄興に会った柏文蔚は次のような会話を記している。

文蔚は訊ねた。先生は以前において和平を力説しながら、今度は戦争を主張されている。なぜ二人の人物のように前後で異なるのか。そうすると克強は答えた。先生（孫文）の命令である。どうしようもないではないか。文蔚は訊ねた。今では大勢は引き潮である。兵力もわずかしかない。勢い敗北しか残されていない。克強は答えた。革命はもともと容易ではない。失敗するかどうかにかまってはおられない。

（柏烈武口述、陳紫楓筆記「安徽二次革命始末記」『革命文献』第四十四輯〔二次革命史料〕一九六八年、二六七頁）

柏文蔚は、合法的解決を目指して軍事的準備が進んでいない以上、すでに時遅しと認識していたのだ。だが、李烈鈞が蜂起し、慎重派であった黄興も立ち上がった以上、急先鋒派の柏文蔚も敗北を覚悟で蜂起を決めなければならない。黄興は柏文蔚を安徽討袁軍総司令に任命した。柏文蔚は安徽の安慶に入り、正式に袁世凱討伐の狼煙をあげた。

しかし、はじめから敗北することを覚悟しての蜂起であったから、予想通り袁世凱の軍隊に敗れた。柏文蔚は南京に逃れ、黄興に代わって軍事指揮をとったが、崩れた戦線を立て直すことはできず、上海から日本に逃れた。こうして第二革命は惨敗した。

長崎への亡命

中華革命党と柏文蔚

柏文蔚は一九一三年八月末、上海から八幡丸で長崎に亡命した。自伝によれば「九月中旬」(柏文蔚「五十年経歴」、四〇頁)とあるが、記憶違いである。外交文書では、八月三十日に長崎へ来着となっている。(8)「長崎日日新聞」によれば「南軍の将、柏文蔚は三十一日長崎入港の郵船八幡丸船員室に仮乗し、着港後も上陸せず、同室に潜み居りしが、同日正午、行衛不明となれり」(「柏文蔚の通過」「長崎日日新聞」一九一三年九月二日)とある。

長崎で新聞記者に、次のように語ったという記事が確認できる。

今回の挙事、志と違い、遂に失敗に帰したるも、我党は百折撓《たわ》まず飽く迄初心を貫徹すべく、今は暫く機会の到るを待たんと欲す。袁世凱、今や列国の袖に隠れて隆々の勢あれども、要するに春宵一場の夢のみ、朞年ならずして失脚するに至るべし。

（「柏文蔚、上海に航す」「長崎日日新聞」一九一三年九月十六日）

実際、第三革命によって五年も持たずに袁世凱は死去し、まさに予言通り「春宵一場の夢」であった。

その直後、一旦は長崎から京都に行ったが、一週間で離れ、長崎を亡命地と定めた。外交文書の「在長崎支那亡命者現在調」（一九一四年四月二十五日）によれば、柏文蔚（前安徽都督、後南京司令官）、白兪《ママ》桓（衆議院議員）、季雨霖（湖北第八師団長）ら二十一名の名簿が記載され、「全亡命者に属するもの男女合計四十三名」とある。[6]

長崎に四十三名の中国人亡命者が滞在していたことになる。柏文蔚、白逾桓、季雨霖の「三名は特に重要なる人物なり」（外交文書「支那亡命者現在調に関する件」）とコメントしている。

長崎のどこに住んでいたかは、資料的に様々である。柏文蔚の自伝では「白逾桓と長崎南山手に住んでいた」（柏文蔚「五十年経歴」四〇頁）という。外交文書では長崎市の「南山手」と「浦上山里村」の二カ所が確認できる。[7] 時期によって、変っていたのであろう。

長崎市南山手とある記録は、一九一三年十月、十一月、十二月、一九一四年一月、十二月、一九一五年四月。長崎市外の浦上山里村とある記録は、一九一四年四月、七月、十二月、一九一五年五月。南山手と山里が輻輳している。一九一四年十二月の記録では市外浦上山里村が「柏文蔚所有家屋」、市内大浦（南山手を指す）が「柏文蔚住宅」となっている。[8] 一九一四年四月以降、浦上山里村に移ったが、南山手も残して二つの家屋を借りていたようだ。浦上山里村はのちの原爆投下の中心地である。

縄田順子の回想「カルルスの頃」によれば、市内中川町にあった料亭「カルルス」に逗留していたという。

> 大正三年頃、孫文の同志の一人、柏文蔚という青年が長崎に亡命し、カルルスの庭園の茶屋に半年間ほど滞在した。彼はカルルスの本館と庭園を結ぶ朱塗りの木橋を愛し、この橋を「龍吟橋」と名付けて書に描き、別の石柱に刻み残している。
>
> （縄田順子「カルルスの頃」『白桃』一三三号、白桃俳句会、一九九六年五月、四四頁）

柏文蔚の名が刻まれた「龍吟橋」の石碑は現存しており、信憑性は濃いものの、克明な記録がある外交文書では確認できない。柏文蔚が料亭カルルスを頻繁に利用したので、そのように記憶違いをしたのではなかろうか。

一九一四年一月の外交文書に次のような報告がある。

（柏文蔚が）当市（長崎）銭座町の上手山腹に千二百坪の土地を五年間の契約にて借入し、養鶏並蔬菜を栽培せんとて古家を購ひ、昨二十日より之が移転建築を為さしめ居れり。当分当地を引払ふ状況なし。
（外交文書「亡命支那人の会合風説に関する件」長崎県知事李家隆介から内務大臣原敬、外務大臣牧野伸顕、警視総監安楽謙道宛、一九一四年一月二十一日）

とはいえ、本当に住んだかどうかは疑わしい。

柏文蔚は、長崎にじっと潜伏していたわけではない。東京へ度々上京し、孫文らと打合せをしている。また桜島噴火の鹿児島を視察している。外交文書によれば、柏文蔚は合計六度ほど上京し、そのうち三度、東京で孫文を訪問している。

①一九一三年九月二十七日。[9]
②一九一三年十二月二十日。[10]
③一九一四年五月十八日、六月三日、五日、十六日、二十日。[11]

なぜ柏文蔚は上京したのか。東京で孫文が新たに中華革命党を結成し、それに反対する黄興らとの調停に奔走するためである。柏文蔚は自伝で次

柏文蔚が命名し揮毫した龍吟橋の石柱。下見直哉氏蔵（『孫文と長崎』長崎文献社刊より）

のように語っている。

孫中山先生は東京へ到った後、革命失敗の経験を総括し、国民党を改組して中華革命党を組織した。国民党員が中華革命党に参加する場合、必ず彼の指導に服従することを全員が宣誓しなければならなかった。かつ、宣誓文に拇印を押さなければならなかった。黄克強が先ず反対した。その他の同志も意見が分かれ、さらに紛糾が増した。余は長崎でこの情報を聞き、憂慮している時に、程頌雲（程潜）、熊錦帆（熊克武）、李印泉（李根源）から上京するように手紙をもらった。……余は上京後、程頌雲宅に住んだが、欧事研究会が組織され、国内の革命活動に役立てようと話し合われた。それは当然ながら孫中山先生が指導する中華革命党とは別の組織であるから、余は反対した。

（柏文蔚「五十年経歴」、四〇—四一頁）

しかし譚人鳳以外は、すべて欧事研究会に賛成したという。欧事研究会は欧州戦争の勃発に際して組織されたものであるが、実質的には孫文の中華革命党に対抗して組織された革命派のグループである。

この連中は黄克強を領袖に推挙した。余は黄克強に向かって利害を詳細に述べ、本党は分裂を避けて（統一を）維持するように特別な注意を払うように希望した。黄は余の言葉を受け入れ、党内が紛糾するのを避けようと、アメリカへ出国することを決断した。

余は翌日、孫中山先生にお会いした。時候の挨拶をする間もなく、孫先生は余に今後の活動方針を訊ねた。余は党の改組問題に関して、同盟会の栄光ある称号を復活できないかどうか、あるいは国民党の名称を用いて内部を純化できないかどうか、別に実行部隊を組織し、国内活動へ派遣できないか、このように述べた。これは先生への参考意見にすぎなかった。改組して中華革命党とすることには反対ではないが、老同志は様子見にすぎなく、状況を先生に向かって簡単に報告した。そしてこの問題は特に注意を払い、党内に分裂が引き起こされるのを避けるように要請した。孫先生は余の意見に同意し、東京へ来て協力し、余が中華革命党軍務部長へ就任するように要求した。余は家族、部隊が皆長崎にいるので、戻って整理し、後に再び上京することを約束した。

余はこの時、孫と黄を融合させることが自己の任務とみなし、特に李協和を招いて再び黄克強に会った。入党手続で分裂すべきでなく、小事のために大事を失うことは宜しくないと諭した。克強は中華革命党の加入に拇印を押すことに如何としても同意できないと言い張った。このため黄はまもなくアメリカに渡った。再び多くを話し合うことはなかった。彼らと別れた後、長崎に戻った。余は長崎に戻った後、熟慮した結果、革命同志の団結のため、軍務部長の職務は黄克強以外に誰も相応しくないと判断した。そこで中山先生に書簡を送り、軍務部長職を辞し、克強を引き止めるようしたため、長崎に暫らく留まってから東京へ行くことを求めた。

（同前、四一―四二頁）

その後、孫文は許崇智を軍務部長に任命した[12]。孫文は、黄興と柏文蔚を自己の元に留めることができなかったのである。孫文も次のように述べている。

この時、李協和と柏烈武（柏文蔚）が東京へ来た。李は一身の自由を犠牲にしてまで党魁に服従するのは屈辱であると述べた。柏はすでに宣誓を受け入れていたが、後には人々が動揺したため、党事を問うだけであった。譚石屏（譚人鳳）は李とほぼ同じであった。陳競存（陳炯明）は南洋にあって、幾度も手紙で招いたが、応じなかった。察するに、彼らの主張は、概ね党魁が権限を統一することは専制に近く、党員が命令に服従することが自由を喪失することになるというものであった。……陳、李、柏、譚は終始強硬で、はっきりしており、私はその下心がどこにあるのかわからない。

（孫文「復楊漢孫函」『孫中山全集』第三巻、一八四頁）

これによれば、孫文と黄興の仲を取り持とうとした柏文蔚の苦慮した気持は孫文に伝わらず、反孫文として同一視されている。理由はないわけではない。一九一五年に入ると、柏文蔚は黄興、李烈鈞、陳炯明など欧事研究会の仲間と共同でたびたび袁世凱反対の声明を発しているからだ。明らかに柏文蔚は中華革命党と一線を画した。孫文よりも第二革命をともに戦った黄興、李烈鈞、陳炯明と同一歩調をとったのである。

中華革命党結成に向けて、柏文蔚は一九一四年五月七日から六月二十四日まで東京に滞在した。この時、孫文と話し合いを深めているが、同時に黄興とも頻繁に会っている。五月二十六日、黄興宅を訪れ、宮崎滔天、章士釗、李根源と一緒に会談している。六月五日、前日の孫文との会談に続いて黄興宅へ入っている。六月十六日、柏文蔚は軍務部長に選ばれたが、二十二日、黄興と話し合っている(13)。柏文蔚は軍務部長職を固辞し、黄興へ譲るように求めたというから、その協議であろう。だが、黄興を説得できず、その直後、東京を離れている。つまり、七月八日に開催された中華革命党の正式な結成大会には欠席したのだ。意図的な欠席であろう。

宮崎滔天も孫文と黄興の喧嘩について回想している。宮崎滔天も「是は私共孫が悪いと思ふ」と決めつけている。そこで宮崎滔天が孫文に忠告すると、今度は宮崎滔天と孫文が喧嘩になったという。孫文への絶対服従を求める態度に宮崎滔天もあきれた。

命令でやれば専政君主ではないか、それではお前の教えた主義が民権自由であるのに、それを教へたお前がその主義を取消して、専政君主主義でいくのはいかぬと云ふので反対した。……孫も云ひ出したら聞かぬ奴であるから、どこ迄もそれを主張して、それではお前達はやらなくてもよいと云ふ事になった……柏文蔚が九州から来た。是も体ばかり大きくて、己の命令を受けぬと云ふので怒つたので、それで南洋に行つてしまつた。

（「宮崎滔天氏之談 続」『宮崎滔天全集』第四巻、平凡社、一九七三年、三一二―三一三頁）

中華革命党は日本へ亡命した孫文が準備をはじめ、一九一四年七月八日、正式に東京で成立した。宣誓に誓約した数は六百四十一名。柏文蔚は準備委員会十五名の一人であり、正式発足時のメンバーの一人でもある[14]。柏文蔚も自伝に「余は孫先生と会った後、中華革命党に参加する手続をした」（柏文蔚「五十年経歴」、四二頁）とある。しかし、軍務部長を拒否しただけでなく、いかなる要職にも就いていない。極めて消極的である。長崎で一緒に行動していた白逾桓は、一九一四年四月段階で「未加入重要人物一覧」に黄興らとともに記載されている[15]。

他方、中華革命党に反対する革命派は同年八月二十五日、欧事研究会を組織した。そこには黄興、李烈鈞、熊克武、鈕永建、陳炯明、鄒魯、陳独秀、李根源など百数十人が名前を連ねている[16]。そこには柏文蔚の名前はない。

しかし、その後の柏文蔚は黄興、李烈鈞、陳炯明らと共同歩調をとっているので、反中華革命党の仲間とみなされた。柏文蔚が連名で声明を出したのは、三度である。

①一九一五年二月二十五日『時報』などへの通電[17]……

②一九一五年三月二十六日『字林西報』などへの書簡[18]
③一九一五年五月二十一日『時事報』などへの通電[19]
鄧沢如編『中国国民党史稿』によれば、次のように説明されている。

欧州戦争が勃発すると、李根源らは欧事研究会を設立し、革命の停止、一致救国を主張し、李（烈鈞）、陳（炯明）らはこれに同調した。……黄興はアメリカにあって情勢にうとく、李烈鈞、陳炯明、柏文蔚、鈕永建の五人で「停止革命、一致対外」の宣言を通電した。……また孫中山などの一部は頑迷に革命を主張し、救国の与論を満足させていないと述べた。日本にいる欧事研究会各員、たとえば柏文蔚、譚人鳳……等を招聘し、南洋で大会議を開いた。

（「李烈鈞、陳炯明在南洋組織水利公司反対中華革命党」『革命文献』〔第四十五輯、中華革命党史料〕前掲、五九二―五九三頁）

これによれば、柏文蔚は欧事研究会の一員にされている。そのようにみなされていたのであろう。

柏文蔚の自伝では、日本の対華二十一カ条要求に反対するため、孫文は各自がそれぞれ独自に反対声明を出すように求めたので、黄興、李烈鈞、陳炯明らと日本が強引に二十一カ条要求の調印を迫ることに反対する通電を発したと説明している。

その電文のなかに『停止内争、一致対外』の文字が一部の人々の不満を引き起こし、余が袁世凱と妥協しようと希望している思われた。（柏文蔚「五十年経歴」四二頁）

こうした通電、書簡を見るかぎり、「停止革命」や「停止内争」の文字は見当たらないが、そこにある「与論は党人が一致対外し、政府にその志を汲み取らせ、交渉に尽力するよう希望している」（「与黄興等致『時事報』等電」『陳炯明集』上巻、二五八頁）という言葉が「停止革命、一致対外」「停止内争、一致対外」を指すものと思われる。それら三通の通電、書簡で強調されていることは、「匹夫に責」ありとし、「独夫」一人の独裁ではなく、民意、民力に依拠した政治の確立を求めていることである。たしかに、袁世凱の名を挙げることもなく、いたずらに袁世凱打倒の革命を希求していない。この声明に柏文蔚が共鳴したのは、第二革命に敗北した現状では、革命派は依然として軍事力不足で、早急な武装蜂起に反対していたことと符合する。

長崎亡命中、第三革命の蜂起に向けて様々な情報が飛び交っていたが、柏文蔚は早急な武装蜂起には批判的であった。長崎県知事から外務大臣への報告によれば「柏文蔚の如きは、今遽に革命の旗を挙げんとするは早計も甚しきものにして、之が計画をなすものは全く非正当の分子にて、到底成功の望なしと称し居る」（外交文書「第三次革命に関する亡命支那人の動静に関する件」長崎県知事李家隆介から外務大臣牧野伸顕宛、一九一四年一月十六日）とある。天下を牛耳る袁世凱の独裁が極限に達し、与論の批判が渦巻くのを待つ姿勢であった。

鹿児島見学

柏文蔚は一九一四年一月二十二日、長崎から野中右一[20]をともなって鹿児島に向かった[21]。桜島大噴火を見学するためである。政治的な活動とは無縁のようである。「東洋日の出新聞」の記事が「華君」という仮称で報道している。「東洋日の出新聞」の記者が桜島報道のために特別に鹿児島に特派されていたから、その記者の案内で鹿児島を散策した。

廿三日午前九時の視察船に便乗して桜島に向ふ……帰路、華君予に向つて曰く「桜島の損害、予想に超ゆ。思ふに遭難民の困難、言語に絶せん。ア丶世が世にして、我等が天下を取らんには、二万や三万の人類は東三省にてでも移して、楽に暮らすべきに……」と感慨深かるもの丶如し……午後歩して市街の惨状を見つ丶、浄光明寺塋域《けいいき》に、南洲翁以下丁丑役戦没者の墓を弔ひ……。

（「亡命客と桜島」「東洋日の出新聞」一九一四年二月六日）

ポイントは、桜島大噴火の惨事を見学するだけではなかろう。むしろそれを機会に、西郷隆盛の墓を詣でることにあったのではないか。革命派にとって、西郷隆盛は崇拝の対象であったからだ。

岳王会の同志・陳独秀、中国同盟会の同志・寧調元、黄興、そして変法派の領袖・康有為たちが西郷隆盛を賛美する詩を奉げている。[22]陳独秀は一九〇三年八月の『国民日日報』に「題西郷南洲游猟図」を発表している。黄興は一九〇九年一月、宮崎滔天と鹿児島を訪れ、「南洲墓前詩」を詠んでいる。ちなみに、黄興はその帰途、長崎に寄っている。

柏文蔚も、そうした詩歌を知っていたことであろう。柏文蔚も西郷隆盛を偲ぶ詩を詠んだに違いない。残念ながら今のところ確認できない。

柏文蔚は二十五日に長崎へ戻っている。[23]

地元・長崎での交流と金子克己との連絡

柏文蔚は長崎亡命期間、たびたび東京で孫文や黄興と連絡をとっているが、はたして長崎で地元華僑や日本人と交流していたのであろうか。あまり定かでない。

まずは長崎華僑との関係であるが、華僑との交流はほとんど表面には現れない。中華革命党は各地に支部を置いたが、長崎には支部はなく、長崎連絡委員・彭養光が任命されているだけで、[24]彼も長崎華僑ではないようだ。どちらかといえば、長崎華僑は政治的関心が薄く、体制側に縛られていた。清朝時代から領事館が設置され、御上の目が厳しかった。第二革命で亡命者に逮捕状が出ると、長崎の「泰益号文書」に、叛徒・胡漢民、陳炯明の潜伏を知らせる駐長崎領事館から長崎福建幇への訓令が残っている[25]。

一九一三年十月十日、長崎福建会館で袁世凱の正式大総統就任の祝賀会が、長崎華僑商務総会の主催で盛大に開かれた。「各戸に五色の民国旗と無数の球燈を掲揚し、各自正装の上、該館に参集し、午前八時より九時半まで留学生、九時半より十一時まで商人の国旗礼拝式を行ひ、十一時半より十二時半まで外国人を招待し、夜間は居留民一般の大祝賀会を挙行」(「中華民の祝賀会」「長崎日日新聞」一九一三年十月九日)とある。

こうした環境下、長崎華僑の支援が得られず、柏文蔚らの亡命生活も楽ではなかったろう。「革命党の窮状」と題する新聞報道では、「長崎に留寓する人々中にも妻君の腕輪まで売代なして衣食の資に給するものある」(「革命党の窮状(二)」「長崎日日新聞」一九一四年二月一日)という。

柏文蔚らは一九一四年七月十四日、白逾桓の自宅で革命戦没者追悼会を催した[26]。辛亥革命と第二革命で戦死した同志の追悼会である。東京でも同じような追悼会が開かれている[27]。長崎の出席者は十二名であるが、その名簿を見るかぎり、地元の華僑はいない。亡命者だけでひっそりと挙行されたにすぎない。

では、日本人との交流はどのようであったろうか。長崎には孫文や黄興と刎頚の友である宮崎滔天を支援した鈴木天眼の「東洋日の出新聞」が発刊されて

金子克己(1882-1946)藤川圭子蔵(『孫文と長崎』長崎文献社刊より)

いた。同紙は孫文革命を詳しく報道したことで知られている。第二革命の直前の一九一三年三月、孫文が長崎を訪問した時、孫文はわざわざ鈴木天眼宅を訪問しているほどだ[28]。

だから「東洋日の出新聞」が長崎亡命者を支援したことは間違いない。だが、亡命者の活動を思いやって、表面だって彼らの行動を詳しくは報道していない。むしろ意図的に報道を控えている。だから「東洋日の出新聞」に「『アレ程真相を知り抜いて居乍ら、東洋日の出新聞には何故少しも書かぬのだろう』と怪んだ半可通も多かった」（「支那革命珍談」「東洋日の出新聞」一九一四年一月一日）と書かれている。亡命者を支援する立場をわきまえていたのであろう。

ただ一九一四年元旦の「東洋日の出新聞」に、柏文蔚、白逾桓、季雨霖三人の墨跡が掲載されている[29]。いずれも同紙を慶賀する新年の祝詞の詩歌である。わざわざ三人が筆をとったということは、「東洋日の出新聞」に恩義を感じていたのであろう。書については、長崎市立博物館に「懐寶」と書かれた柏文蔚の墨跡が所蔵されている。為書がなく、何時、誰へ贈ったのか、不明である。

「東洋日の出新聞」記者との直接的な交流記録は一九一五年三月一日の会合が残っている。柏文蔚、季雨霖ら中国亡命者五人と『東洋日出新聞』の西郷四郎、福島熊次郎との会合である[30]。日本政府の援助がないなか、このまま長崎に留まるか、それとも南洋に渡るべきか、その点が議論されたという。

亡命中、柏文蔚が佐世保出身の金子克己と連絡をとっていた形跡を外交文書で見ることができる。金子克己は孫文を支援した革命浪人の一人で、孫文が鈴木天眼宅を訪問した時、一緒に写真に映っている。清末亡命中の孫文が長崎でロシア革命党のニコライ・ラッセルと船中会談した時、それをセットしたのも金子克己である(31)。

金子克己は当時、大連で活動していた。金子克己『支那革命と其の前後』によれば、金子克己は第二革命の時、戴季陶らと大連に赴き、張作霖支配の満州で事を起す計画を画策した。そして革命派の陳中孚と爆弾を爆発させ、奉天城撹乱策を強行した。ところが金子克己は奉天の日本領事館に捕らわれた。四カ月収監されたが、第一次大戦による日本軍の青島攻撃で出獄した(32)。

この金子克己が大連で活動中、「東京に於ける山田純三郎、長崎に於ける野中右一等、常に金子と連絡を取る模様あり」(外交文書「第三次革命に関する亡命支那人の動静に関する件」長崎県知事李家隆介から外務大臣牧野伸顕宛、一九一四年一月十六日)という。この野中右一宛の金子克己私信が添付されている。野中右一は長崎で柏文蔚と行動をともにしている。さきに見た柏文蔚の鹿児島行きに同行したのが野中右一である。別の情報では、大連の革命派で柏文蔚や季雨霖と関係が深い連中の背後で操っているのが金子克己であるという(33)。当時、金子克己の大連と連絡を取る日本人、中国人の会合が長崎で開かれたという風説が流れており(34)、柏文蔚は関係がないと力説しているが、むしろ長崎華僑との関係よりも、日本人との関係が深かった。

日本軍参謀本部との交渉

中華革命党が結成された後の一九一四年八月六日、柏文蔚は長崎から東京へ向かった。だが、今度は孫文との連絡ではなかった。むしろ欧事研究会との連絡であった。出発にあたって、次のように語ったという。

> 今回、欧州の戦争は支那革命同志に取りて衷心歓ふ所なり。之来我革命派の最も苦心せりしは、独逸にして、英露之に亜《つ》くの思ひありしが、今何れも干戈《かんか》を以て立つに至り。事実上、東洋を顧るを得ざるに至るべし。随て、現在の支那政府にありては経済上に牽制上に後顧者を失ふに至り、袁政府の苦心大に惆察すべきなり。若し欧州の戦争にして数年に永きに亘れば、現政府の支那は或は自滅するに至るなきを保せず。実に今回の戦乱は革命的の支那及日本の将来に取りては大に利益なるべきを信ず。
>
> （外交文書「支那亡命者の旅行に関する件」長崎県知事李家隆介から内務大臣大隈重信、外務大臣加藤高明、警視総監宛、一九一四年八月七日）

明らかに欧事研究会のスタンスである。途中、京都に寄って譚人鳳に会い[35]、上京した。八月二十日、東京日比谷公園の松本楼で柏文蔚は譚人鳳、李根源、居正、田桐らと会合をもった[36]。その後も十月上旬まで東京に留まったが、孫文に会った形跡はない。松本楼の会合に参加した居正、田桐は度々孫文に会っているが、東京にいる孫文と会っていないことは、すでに柏文蔚と孫文の関係は冷却化していたのであろう。

この時、柏文蔚上京の目的は日本軍部の革命支援を獲得し、軍事資金、武器の提供を実現することであった。こうしたことは孫文がもっとも得意とする分野である。孫文も同じように日本政府、軍部に支援を求めていた。その孫文に対抗して独自に軍部とルートを創ろうとしているのは、孫文との決裂を意味している。

九月二十三日、柏文蔚は譚人鳳、白逾桓らと日本産業株式会社社長の辻嘉六に会った。柏文蔚は革命成就のためには日本政府や軍部の援助が不可欠であること力説した。そのため、尽力していただきたいと懇願した。そして具体的に五十万元の借款と歩銃五千挺、機関銃五十挺、弾薬八百万個など要求した[37]。辻は尽力を約束したが、うまくはいかなかった。その後、寺内正毅朝鮮総督に協力の打診を通したが、「同総督は自分個人としては革命に同情を表し居れも、目下時局の際、且つ自分の立場に於て、現政府に対し革命に援助を与える運動は出来難しと断然拒絶せられし」(外交文書「支那革命運動に関する件」一九一四年十月八日)という返事であった。

柏文蔚は「非常に落胆」(同前)して、こうした交渉を打ち切った。そして十月十二日、長崎に戻った。その時、次のように語った。

我革命党の素志を遂げんと、親しき日本人の斡旋に依り、参謀本部並日本政府の外交要路者等に対し、相当の援助を得ることを交渉したるに、参謀本部は声援の意思充分なれども、大隈伯（総理大臣・内務大臣大隈重信伯爵）、加藤男（外務大臣加藤高明男爵）の意思は全然反対にして、遂に政府の賛同を得るに至らずして罷《おわ》れり。日本の元老中、山県（有朋）公の如き又寺内（正毅）伯の如き、民党援助の希望ある模様なるも、大隈伯の意思を動かすに至らざりき。随つて民党側に於ては絶好の機会到来せるにも拘らず、現下の財政状態に於ては如何とも為す能はず。望を断ちて帰来せん次第なり。日本政府、若し革命の同意を与ふるあれば、民党の借款は直に日本に於て民間に成立すべし。安徽、江蘇、山東方面に於ける鉄道、鉱山の抵当を以てするも三百万元位の借款は容易にして、軍資供給上困難を見ることなく、民党の成効期すべしと雖も、日本政府の認諾なき以上は到底他に求むべき手段なく、気運の再来に任するの外なし。

（外交文書「亡命支那人帰着に関する件」長崎県知事李家隆介から内務大臣大隈重信、外務大臣加藤高明、警視総監宛、一九一四年十月十三日）

柏文蔚の日本政府や軍部に対する期待は相当に甘いものであった。大隈首相、加藤外相が反対しなければ、借款は成功していたと、責任を二人に押し付けている。大隈内閣はこの直後、有名な対華二十一カ条要求を突き付け、露骨に山東半島の利権獲得に驀進した。日本政府が革命党に好意を寄せるという幻想が崩れ、絶望に転化するにはそう時間は必要なかった。

長崎から南洋へ

一九一五年一月、日本政府は袁世凱政府に対華二十一カ条要求を渡し、のちに最後通牒を突きつけた。政府だけでなく、民間においても中国への強硬な外交を求める気運は高まった。長崎でも、徹底した要求貫徹を求める運動がおこった。こうした反中国与論の高まりのなか、亡命者の居心地は急速に悪化する。それまで革命派に好意を見せていた「東洋日の出新聞」社長の鈴木天眼も、日本政府が交渉過程で要求の一部を取り下げたことに激昂し、弱腰外交、屈辱外交として政府を糾弾した。

一九一五年五月十八日、「国権擁護長崎県民大会」が長崎新大工町の舞鶴座で開かれ、鈴木天眼は日本が中国に軽侮されていることは許されないと、政府を非難した。肝腎な第五条を撤回した理由は、中国側の強硬な反対にあって、日本が屈服したという認識である。そして、日本政府を非難する一方、返す刀で中国人も非難する。

「支那人の日本人を軽侮すること予想外にして、支那にして強硬に出でんには、日本政府は必ずや挫折すべきと信じ」、その策にはまった不甲斐なさを叱責すると同時に、「日本人が支那人に軽侮されつゝある」ことを憂慮している[38]。中国人蔑視の別の現われである。

反中国ムードが昂揚するなか、中央政府からも援助が得られないとなると、亡命者は日本に滞在し続ける意義を失うこととなる。

柏文蔚は自伝で、次のように述べている。

この時、日本の朝野は中国の革命党人に段々と冷淡になってきていた。この時、克強はアメリカに居り、協和はフランスに去り、競存、錦帆、隠青（林虎）などは皆南洋群島に居た。長崎南山手に居るものは余と白楚香（白逾桓）の二人となり、南洋へ渡ることを決定した。

（柏文蔚「五十年経歴」四二頁）

一九一五年五月二十六日、柏文蔚は白逾桓と一緒に伏見丸で長崎を発ち、シンガポールに向かった。こうして柏文蔚と白逾桓の二人は一年九ヶ月の長崎亡命生活に終止符を打った。別れにあたって、次のように語ったとされる。

初め亡命者の多くが日本に渡来せしは、全く日本を信頼せし為なり。殊に人種、文字を同ふし、又風俗、政治等酷似する点頗る多し。随て将来怖るべき人種的戦争の為には、飽迄日本と提携の必要あり。而して健全なる支那民国を造り、日支両国の親善を図り、対欧米東洋の平和を維持せんと欲するは支那革命党員の日夜焦慮する所なり。然るに気運未だ到らず。空しく時日を徒消するは真に慨嘆の至なり。

（外交文書「支那革命党員談話及柏文蔚『シンガポール』へ海外渡航の件」長崎県知事李家隆介から内務大臣大浦兼武、外務大臣加藤高明、警視総監宛、一九一五年五月二十六日）

日本への幻滅

柏文蔚の長崎亡命は、精神的には決して心地よいものではなかった。彼は度々上京して孫文と黄興の決裂の狭間にあって、苦労しながら、その苦労も孫文には理解されずに、結果として孫文とも袂を分かった。また日本政府からも援助を受けることに失敗した。

それは、孫文にたいする信頼から失望への転換、朝野にわたって日本にたいする幻想から幻滅への転換であった。南洋への船出は、傷心の旅であった。

最後に、柏文蔚はなぜ長崎に亡命の居を構えたか。資料的には理由を確認できない。柏文蔚は長崎に上陸した後、一旦は京都へ入ったが、直に長崎に戻り、そのまま長崎を拠点として行動している。長崎を選択したそれなりの理由はあったのであろう。状況的に見るならば、東京の孫文とは一定の距離を保ちかったのであろう。だが、東京以外であればいいので、長崎に限定される理由とはならない。

長崎には華僑による中華街というコミュニティが形成され、活動しやすかったことが考えられる。あるいは縁者がいたとも考えられる。だが、長崎華僑には福建幇、広東幇、三江幇が形成されていたものの、安徽幇は存在しない。柏文蔚らの縁戚者が居た様子もない。ただ、三江幇は江西省出身者も含まれるので、江西都督の李烈鈞の関係で、長崎が選ばれた理由が皆無とはいえない。李烈鈞の妻が長崎に居たからだ。とはいえ、すでに見たように、亡命者の多くは地元の長崎華僑との接触は少なかった。

もちろん、長崎は大陸からの亡命者の窓口であり、同時に大陸情報をいち早く把握できる好位置である。革命派としては、そこに一定の亡命集団が形成されていることは、好都合であることは間違いない。その出先機関としての機能を持たせるために柏文蔚らが他の連中と協議し、場所を選定した可能性は非常に高い。だが、残念ながら資料的には断定できない。

注

1 味岡徹「柏文蔚」山田辰雄編『近代中国人名辞典』霞山会、一九九五年、一〇一一一頁。宣建人『淮上英傑——柏文蔚伝』近代中国出版社、一九八三年。
2 横山宏章『陳独秀』朝日新聞社、一九八三年、六四—七二頁。
3 黄興「復黎元洪電」『黄興集』中華書局、一九八一年、三二六頁。
4 柏文蔚「五十年経歴」『近代史資料』一九七九年第三期、中華書局、三〇—三二頁。また『党人三督伝』上海書店出版社、二〇〇〇年、にも、「柏文蔚自伝」として再録されている。
5 外交文書「支那亡命者の動静御調べ」（大正二年九月二十二日調）、外交文書「支那亡命者現在調に関する件」長崎県知事李家隆介から内務大臣大隈重信、外務大臣加藤高明宛、一九一四年四月二十五日。
6 外交文書「支那亡命者現在調に関する件」前掲。
7 外交文書「亡命支那人に関する件」一九一三年十月三十日、同「支那亡命者一覧表」十一月十八日、同「亡命支那人帰着の件」十二月二十四日、同「報告に関する件」一九一四年一月十六日、同「在長崎支那亡命者現在調」四月二十五日、同「在本邦亡命支那人名簿」七月（日不詳）、同「亡命支那人帰国の件」十二月一日、同「在留亡命支那人調、長崎県」一九一五年四月七日、同「亡命支那人上京の件」五月四日。

8　外交文書「亡命支那人帰国の件」長崎県知事李家隆介から内務大臣大隈重信、外務大臣加藤高明、警視総監宛、一九一四年十二月一日。

9　外交文書「孫文の動静」一九一三年九月二十八日。

10　外交文書「孫文の動静」一九一三年十二月二十一日。

11　外交文書「孫文の動静」一九一四年五月十九日、同「孫文の動静」六月四日、同「孫文の動静」六月六日、同「孫文の動静」六月十八日、同「孫文の動静」六月二十一日。

12　「中華革命党委任人員姓名録」『革命文献』（第四十五輯、中華革命党史料）、中国国民党中央委員会党史史料編纂委員会、一九六九年、九九頁。

13　外交文書「黄興の動静」一九一四年五月二十七日、同「黄興の動静」六月七日、同「黄興の動静」六月二十三日。

14　「中華革命党籌備委員会人員名単」『革命文献』（第四十五輯、中華革命党史料）前掲、九三頁。

15　「未曾加入団体之重要人物一覧表」『革命文献』（第四十五輯、中華革命党史料）前掲、九七―九八頁。

16　「雪生年録」『政学系与李根源』大東図書公司、一九八〇年、九九頁。

17　「与黄興等致『時報』等電」『陳炯明集』上巻、中山大学出版社、一九九八年、二五四―二五六頁。

18 「与黄興等致上海『字林西報』等書」『陳炯明集』上巻、前掲、二五七頁。

19 「与黄興等致『時事報』等電」『陳炯明集』上巻、前掲、二五八―二六〇頁

20 野中右一は長崎市出身の大陸浪人。中国語とロシア語に堪能で、満州方面で日本軍の通訳、情報収集に従事。日露戦争では金子克己らと満州義軍に参加した。その後、「東洋日の出新聞」社友となった。『東亜先覚志士記伝』下巻、黒龍会出版部、一九三六年、四一八―四一九頁。永清文二『満洲奉天の写真屋物語』東京経済、一九九九年、二二九―二三〇頁。

21 外交文書「亡命支那人旅行の件」長崎県知事李家隆介から内務大臣原敬、外務大臣牧野伸顕、福岡、佐賀、熊本、鹿児島の各府県知事宛、一九一四年一月二十二日。

22 横山宏章「西郷隆盛と陳独秀――詩文からみた幕末と清末の志士」『法学研究（明治学院大学）』六十二号、一九九七年、を参照。

23 外交文書「亡命支那人の集会風説と革命意嚮に関する件」長崎県知事李家隆介から内務大臣原敬、外務大臣牧野伸顕、警視総監安楽謙道宛、一九一四年一月二十六日。

24 「中華革命党委任人員姓名録」『革命文献』（第四十五輯、中華革命党史料）前掲、一一一頁。

25 「駐長崎領事館訓令第五号、令福建幇」一九一四年三月十七日、『泰益号文書』長崎市立博物館蔵。

26 外交文書「亡命支那人追悼会に関する件」長崎県知事李家隆介から内務大臣大隈重信、外務大臣加藤高明宛、一九一四年七月十五日。

27 外交文書「支那革命戦死者追悼会に関する件」一九一四年七月十一日。

28 「孫氏と鈴木本社長」「東洋日の出新聞」一九一三年三月二十三日。

29 「恭賀東洋日ノ出新聞新年祝詞」「東洋日の出新聞」一九一四年一月一日。

30 外交文書「亡命者の会合に関する件」長崎県知事李家隆介から内務大臣大浦兼武、外務大臣加藤高明、警視総監宛、一九一五年三月五日。
31 金子克己『支那革命と其の前後』藤川知佳子非売品、一九九六年、三〇頁。
32 同前、八二―八四頁。
33 外交文書「報告に関する件」一九一四年一月二十二日。
34 外交文書「亡命支那人の会合風説に関する件」長崎県知事李家隆介から内務大臣原敬、外務大臣牧野伸顕、警視総監安楽謙道宛、一九一四年一月二十一日。
35 外交文書「亡命支那人に関する件」京都府知事大森鍾一から外務大臣加藤高明宛、一九一四年八月十日。
36 外交文書「支那革命党集会の件」一九一四年八月二十日。
37 外交文書「支那革命運動に関する件」一九一四年九月二十四日。
38「国権擁護県民大会」「東洋日の出新聞」一九一五年五月十九日。

中国革命派の亡命窓口としての長崎

記録された亡命者たち

東京の外務省外交史料館が保管している膨大な外交文書は、貴重な政治的歴史資料であるが、読み物としてもなかなか興味深いものが多い。

手元に、その一部である外交文書ファイル「各国内政関係雑纂・支那ノ部・革命党関係（亡命者ヲ含む）」（全十九巻）[1]のマイクロフィルムがある。この膨大な記録を見ていると、明治から大正にかけて日本に亡命した多くの中国人革命家などの姿がリアルに浮かび上がってきて、小説より楽しい。

清朝末期から中華民国初期にかけて、多くの革命家などが日本に亡命した。戊戌変法維新の失敗で亡命した康有為など変法派、清朝打倒の革命蜂起に失敗した孫文や黄興など革命派が次々と日本に亡命した。晴れて清朝打倒の辛亥革命に成功した後の中華民国になっても、袁世凱打倒の第二革命が失敗し、多くの革命派が一斉に日本へ逃れた。

この外交文書は、こうした亡命者の毎日の動静をこまめに記録したものである。革命の再興を目指す会合や、日本政府との交渉、あるいは女性を連れての遊興まで、克明に記録している。今でいえば、明らかにプライバシーの侵害であるが、当時はプライバシーなどかまってはいられない。亡命を受け入れたものの、その多くはお尋ね者として首に賞金がかかっており、中国から暗殺者（刺客）が派遣される可能性もあって、その身を守ると同時に、革命派は一種のテロリストであったから、逐一監視する必要があった。だから中央の警視庁や各都道府県の警察は「諜者」（スパイ）を放って、亡命者を尾行していた。

毎日の記録は、各地の知事の名で中央の外務大臣、内務大臣、警視総監などに送られていた。その膨大な記録を読むことができるので、まるで当時の毎日をリアルに感じることができ、ぞくぞくする。さらに、その記録をもとに、当時の新聞や回想録と突き合わせて読めば、より楽しみがわく。

ここでは、舞台を長崎に限定する。海外への旅は船旅しかなかった当時、長崎港は中国への窓口であったから、蜂起に敗れた失意の革命家、再起に燃える革命家が次々と長崎を通り抜けた。とくに前述した柏文蔚を除き、長崎に足跡を残した大物革命家である孫文、黄興、李烈鈞、蔣介石を中心に、亡命家の姿を追ってみる(2)。

孫文（孫逸仙）

孫文は号を逸仙、あるいは中山といい、中国では孫中山の方が通りがよい。英語ではDr.Sun Yat-senである。医師出身であるから、Dr.をつける。一八九四年、ハワイで最初の革命結社・興中会を結成し、異民族王朝である清朝打倒の革命運動を開始した。それ以来、一九一一年十月の辛亥革命勃発まで十七年間、清朝打倒の革命蜂起を十回も起すが、ことごとく失敗して、たびたび日本へ亡命した。辛亥革命の成功で一九一二年一月一日に誕生した中華民国の臨時大総統に選ばれたが、間もなく大総統のイスを袁世凱に譲らざるをえなくなり、翌年には袁世凱打倒の第二革命を発動し、敗れて日本に亡命した。彼は「敗北の英雄」であった。

調査によれば孫文は合計九回、長崎を訪れたり、通過している。[3] 清朝打倒運動の亡命時代は六回、中華民国になってからは三回。

長崎の孫文（この時期の記録では、孫逸仙となっている）が最初に外交文書に登場するのは、長崎訪問の第二回目[4]である一九〇〇年六月十一日。恵州蜂起の準備で仏船インダス号で香港に向かう途中、長崎に立寄った。[5] 同行者は興中会の仲間である楊飛鴻（衢雲）、鄭臣弼（士良）、陳白（少白）と宮崎寅蔵（滔天）。

横浜で乗船するとき、孫文は恵州蜂起の目的を次のように語っている。

在日中の孫文をかこんだ日本の支援者たち。右から孫文、清森章太郎、平山周、宮崎滔天、内田良平、末永節（『孫文先生と日本関係画史』より）

我々最終目的は、支那南部の人民と計り、支那帝国の一部を割きて、新に一の共和国を建立するにあり。

（外交文書「秘甲第二二二号」神奈川県知事浅田徳則から外務大臣青木周蔵宛、一九〇〇年六月十日）

この言葉は監視の警察が孫文から直接聞いたものか、あるいは宮崎滔天から聞き出したものである。中国で出版された『孫中山全集』第一巻のなかに「横浜を離れる時の談話」として中国語に翻訳されている[6]。外交文書に残る言葉が本人の全集に残るほど、警察は重要な発言を引き出していると見ることができよう。

長崎県知事からの報告では、長崎における孫文の行動の記録がない。孫文は上陸しなかったのであろう。記録によれば、長崎から東亜同文会員の内田甲（良平）[7]が乗船し、末永節、島田経一の両名が内田良平を見送りに来ている。内田良平の携帯品は「馬皮製大形革箱」「手提げカバン」「白毛布包長形」であって、「白毛布包長形」には「日本刀三本位包みありしと云ふ」と記されている。(8) 孫文の周りには多くの日本人が関係していた事実を見て取れる。

次は第三回目の一九〇〇年八月二十六、二十七日。孫文はやはり恵州蜂起の準備で、上海のイギリス総領事と会うため神戸丸で上海へ向かったが、その途中に長崎へ寄った。二十六日夜十一時に入港し、船内で一泊し、翌日は上陸して長崎丸山町の鹿島屋で芸妓二名を招いて飲食した。鹿島屋は丸山町通りに面し、現在も残っている料亭花月の前身である花月楼と東検番の間にあった。裏は花月庭園であった。その後、大浦町の艦船売込商片岡達三郎方に寄り、午後六時十分に出帆している。(9) 革命軍の武器購入について話し合ったのであろうか。

この時の同行者は、内田良平、平山周、安永東之助（以上は福岡県人）、宮阪九郎（長野県人）、中野熊五郎（佐賀県人）村田忠三郎（山梨県人）、遠藤留吉（北海道人）。宮阪、遠藤、村田、中野の四人は丸山貸座敷花月楼で遊興している。長崎の新聞社である「九州日の出新聞」の鈴木天眼と「鎮西日報」の主筆・岩永八之丞が同行者を訪れ、鈴木天眼は内田良平に、清国の状況を怠りなく時々通信するように依頼している。既に多くの長崎や九州の日本人が孫文革命と深く関わっていたことがわかる。外務省の記録には、中国人亡命者だけではなく、彼らを支援するこうした日本人の行動も逐一報告している。いわば危険人物であった。その代表が九州出身者では宮崎滔天や内田良平であり、平山周であった。長崎出身者は金子克己であっ

長崎造船所を視察する孫文(『孫中山的足跡』南京出版社刊より)

た。

次は、上海から帰国した孫文が一九〇〇年九月三日、同じ神戸丸で長崎へ上陸している。そして外浦町の福島屋に投宿した。福島屋はその後、孫文の常宿となり、多くの革命派やその支援者が使うこととなる。この時、孫文を訪れた人物は、記録では「九州日の出新聞」の田中侍郎だけとなっている。警察が聞き出した情報によれば、上海の情勢がきびしく、何もできないまま一行はUターンしたという。孫文は終列車で新橋に向かった[10]。

五回目の一九〇二年一月二十四日は、とてもあっさりした記録である。八幡丸で香港に向かう途中に長崎に寄港した。午前中は上陸し市街を一時間余ほど散策。午後、船上で一、二の新聞記者に接し、「僅かに世事を談したるのみにて敢て国事を語らず」。午後四時には出帆している。最後に「行動異状なし」と書かれている[11]。

興味深いのは、一九〇七年三月五日に孫文が亡命ロシア革命派のニコライ・ラッセルと船中密談した事実[12]が、外交文書の記録にないことである。この時、孫文は国外追放処分を受けて、ドイツ船「プリンス・アリス号」で南洋に向かった。その途中に長崎に寄ったが、何故だか記録がない。長崎に亡命して、革命派機関誌『ヴォーリヤ』(ロシア語で自由)を出版していた亡命ナロードニキの指導者と話し込んだにもかかわらず、警察は気づかなかった。

実は同船に遣英大使・伏見宮貞愛と随行の山本権兵衛大将が乗船しており、[13] 警察はその警備に手を取られ、孫文まで目が回らなかったのかもしれない。

この後、孫文は一九一三年三月二十一、二十二、二十三の三日間、長崎を訪れた。だがこの時は、危険な亡命者ではない。前年、誕生したばかりの中華民国の初代臨時大総統に就任し、そのポストは三カ月で失ったが、前大総統として、国賓クラスで迎えられた。もはや警察の「諜者」が暗躍する対象ではなく、大歓迎の晴れ姿を新聞が克明に追った。

黄興

黄興は湖南出身で、同じように清朝打倒の秘密結社・華興会を結成した。長沙で挙兵を図ったが、計画が漏れて日本へ亡命した。孫文と知合い、一九〇五年に東京で中国同盟会を結成した。中国同盟会は各地に結成されていた秘密結社を大同団結したもので、孫文が総理として指揮をとり、黄興はナンバー2であった。それ以後、孫文の片腕として活躍した。豪放磊落な性格で「中国の西郷隆盛」と呼ばれ、孫文など革命派を支援した宮崎滔天とは気が合った。

黄興は一九〇九年一月十三、十四、十五日の三日間、長崎で遊んだ。その前、宮崎滔天と鹿児島で西郷隆盛の墓を詣で、熊本荒尾にある宮崎滔天の実家に寄り、長崎に入った。

外交文書の記録では、西郷隆盛の墓前で「八千子弟甘同塚、世事唯争一句棋、悔鋳当年九州錯、勤王師不撲王師」の一首をつくったという。(14) この詩は同じように『黄興集』に掲載されている。(15) 出典は『宮崎滔天全集』第五巻(16)というが、最も古い記録はこの外交文書であろう。
長崎滞在の黄興については、たった一本の報告しかない。それによれば、黄興と宮崎滔天は十三日午後十一時十六分、長崎駅に着き、福島屋旅館に泊まった。長崎を訪れた目的は、孫文や宮崎滔天を支援する鈴木天眼が主宰する「東洋日の出新聞」などの記者と議論することであった。(17)

到着の翌十四日、黄興は宮崎滔天と一緒に、宮崎滔天の知人である「東洋日の出新聞」記者の福島熊次郎を訪ね、その後に市内小島郷宝亭において終日酒宴を催した。午後九時に宿に戻った。翌日は福島屋旅館で、酒井泉（「東洋日の出新聞」記者）、峯彦郎（「長崎新報」記者）、岩永八之丞（「九州日の出新聞」主筆となっている）および福島熊次郎らと語り合った。

黄興（1874-1916）（『中国近現代名人図鑑』湖南人民出版社刊より）

そして十五日午後九時四十分発で長崎駅をたった。購入した切符は門司までであった。

以上が外交文書の報告要旨である。この長崎訪問については、宮崎滔天は「大西郷の墓に詣で城山の古戦場を吊《とむら》ひ、鉄道と馬車にて人吉に出で熊本より郷里荒尾に老母を見舞い、夫より長崎、福岡、門司、神戸、京都と飲み廻はり、廿三日帰京、一夕天眼宅にて西郷武士道と痛飲」と記録している[18]。

外交文書では、宝亭で「東洋日の出新聞」記者の福島熊次郎と終日呑んだという。宮崎滔天によれば、「東洋日の出新聞社」社主・鈴木天眼の自宅で「西郷武士道」（小説「姿三四郎」のモデルといわれる「東洋日の出新聞」記者・西郷四郎のこと）と痛飲したという。一緒に呑んだ場所と人物が少し異なるが、酒好きの宮崎滔天からすれば、天下に名が轟いていた元柔道家の西郷四郎と呑んだほうが真実味がある。

ところがこの件について、三十二年後に一つの逸話が紹介された。当時を知る鈴木聞一が新聞に語ったところによれば、鈴木天眼が宝亭に黄興をかくまった。さらにその黄興の世話をしたのが、「義侠芸者として有名な東検の愛八であった」という。黄興は書をしたためて愛八に贈ったが、どんな人物か知らなかった愛八は他人にあげて、後から残念がったという[19]。

かなり尾ひれがついて、長崎では有名な芸者・愛八まで登場している。宝亭は高島秋帆の旧宅で、当時は有名な料亭であった。場所の宝亭については外交文書と一致するところが、少しの信憑性を感じさせるが、愛八までの登場は、資料的に確認することはできない。

李烈鈞

李烈鈞は革命派の重鎮で、中華民国では江西都督に就任したが、袁世凱に改易された。その暴挙に激昂した李烈鈞は一九一三年七月十三日、袁世凱打倒を目指す第二革命の口火を切った。第二革命の英雄である。しかし軍事的に敗北し、湖北省大冶から脱出し、九月十七日に福岡県の若松港へ逃げ込んだ。そして東京へ向かった。

李烈鈞が長崎に現れたのは一九一三年十一月二十一日である。十一月十九日、新橋駅から午前八時三十分の列車で長崎に向かった李烈鈞[20]は他三名と一緒に、二十一日午後七時五十八分、長崎駅に到着し、萬歳町の上野屋旅館に宿泊した。二十二日、上野屋旅館で李烈鈞は柏文蔚と会った。「李は当分当地滞在の予定なり」という[21]。

ところが二十六日、李烈鈞は長崎市外の道ノ尾温泉場古田旅館に移った[22]。道ノ尾は今では長崎市内で、さほど遠くはない。温泉場は温泉浴場、料亭、旅館から構成され、そこで李烈鈞はたびたび柏文蔚と会合を重ねた。そして十二月四日午後十一時十二分の道ノ尾駅発の上り列車で神戸へ向かった、とある[23]。実際は十二月六日午後八時三十分に東京へ戻った[24]。長崎に滞在することと二週間である。単なる温泉湯治旅行であるか。

『李烈鈞文集』に次の文が記載されている。

この度の東渡は、もっぱら観光であって、決して他意はない。長崎に一週間ほど滞在して、またここに戻るであろう。今後、どこに居を定

李烈鈞（1882-1946）（『中国近現代名人図鑑』湖南人民出版社刊より）

めるか、はっきりとはいえない。長崎に行くのは柏文蔚に面会するためであるが、彼がまだ長崎に居るかどうかは聞いてはいない。

（李烈鈞「与某某的談話」『李烈鈞文集』江西人民出版社、一九八八年、二一六頁）

長崎に向かう前に某人物に語った言葉が、中国・広東の新聞に記載されたものである。観光旅行となっているが、そうではあるまい。李烈鈞は東京の孫文と衝突し、中華革命党への参加を拒否した。李烈鈞と柏文蔚が二人で孫文を訪れ、「党魁が権限を統一することは専制に近く、党員が命令に服従することが自由を喪失することになる」と、孫文に絶対権力が集中することを批判した。(25) だからこの度の長崎訪問は、明らかに孫文との決裂を柏文

南山手からの大浦と出島。大浦居留地が完成した直後の文久２年（1862年）頃（長崎大学付属図書館蔵）

蔚と打ち合わせたかったのであろう。

李烈鈞は翌年一月六日、再び長崎に現れた。南山手に住む柏文蔚を訪れ、上野屋に泊まった。しかし八日には引き払って柏文蔚の家に移り、そこで夜を徹して酒宴を催した。

そして翌九日には東山手七番に隠れていた妻を呼び出し、母の家に一泊した。十日、洋服を着て単身、いずこかに立ち去った、とある(26)。実際は長崎から丹後丸で香港へ向かい、その後はシンガポールに渡った(27)。

この時は五日間、長崎に滞在した。この記録から、李烈鈞の妻や母親が長崎に亡命していたことが分かる。当然、李烈鈞や柏文蔚には逮捕状が出ているから、親子夫婦ともども亡命する必要があったのである。

興味ある点は、長崎に関係した黄興、柏文蔚、李烈鈞の三名が、実は第二革命後に孫文と対立し、孫文が結成した中華革命党に参加しなかったということである。柏文蔚と李烈鈞はシンガポールに渡り、黄興はアメリカに亡命した。日本に残った孫文とは同一歩調をとらなかったのである。

蒋介石と張群

孫文死後、国民党の指導者となり、一九二八年には分裂する中国を再統合した蒋介石も、第二革命後に長崎に上陸していた。一九一三年九月二十二日現在の調査による亡命者一覧があるが、それによれば蒋介石は「陸軍少将、陳其美の部下」とあり、「上海より九月一日長崎着、六日鉄路東上す（妻同伴）」と記録されている。[28] 別の調査では、年齢三十二歳（実際は二十六歳）、前職は陸軍少将、九月一日から九月六日まで福島屋に逗留し、行先は新橋、妻を同伴する、とある。[29] 確かに「亡命支那人蒋介石・桃素秋（妾の姚治誠であろう）の夫妻は当地上陸後、福島屋滞在なりしが、本日（九月六日）午前九時十分長崎発一等列車にて新橋へ向けて出発したり」（外交文書「亡命支那人に関する件」長崎県知事李家隆介から外務大臣牧野伸顕宛、一九一三年九月六日）との報告がある。六日間ほど長崎に滞在していたことになる。

この他、二本の報告書がある。

「九月一日午前七時、上海より入港したる筑前丸にて亡命せる南軍某旅団長蒋介石も柏（柏文蔚のこと）の旅館なる福島屋に投宿せるが、密かに柏を覗きて曰く、彼は髭を剃去し、其容貌を変し居るも、確に同人に相違なしと」（外交文書「亡命支那人に関する件」長崎県知事李家隆介から外務大臣牧野伸顕宛、一九一三年九月一日）

変名、変装していた柏文蔚を日本の警察に、密かに知らせたのが蒋介石であったような報告である。

もう一つは、蒋介石本人の紹介である。「蒋は革命党の一人にて、目下十万円の賞金を以て袁世凱より睨まれ居る。陳基美（陳其美の誤り）の参謀にて、旅団長として今回革命軍に参加したる激烈派の一人なる。……蒋は約一週間当地滞在の後、上京の筈なり」（外交文書「亡命支那人に関する件」長崎県知事李家隆介から外務大臣牧野伸顕宛、一九一三年九月二日）

蒋介石（1887-1975）（『中国近現代名人図鑑』湖南人民出版社刊より）

一週間ほど長崎にいて、東京へ向かっているが、奇妙なことに長崎には、島原半島の小浜温泉地へ二カ月も滞在していたとの回想もある。小浜温泉の旧・一角楼（現在は小浜観光ホテル）主人の回想である。

この小浜観光ホテルには、蒋介石と張群の墨跡が残っている。[30] 張群は日本の軍学校時代の同学で、辛亥革命期は蒋介石と一緒に上海で戦った仲間である。後に国民革命軍総司令部総参議として蒋介石総司令を補佐した。

北洋軍閥打倒の北伐戦争を指揮した国民革命軍総司令の蒋介石は、その途中で一時的に下野し、張群など五人を引き連れて日本を訪れた。一九二七年九月二十九日に長崎へ上陸し、十月三日には神戸の有馬温泉へ入った。長崎では長崎雲仙・小浜を訪れ[31]、その時に二人が一角楼の主人・木村澤治に頼まれて書いたものが小浜観光ホテにある墨跡である。

その木村澤治の記憶では、一九一三年九月初旬、蒋介石が四十五日ほど一角楼に逗留していたという[32]。それが真実であれば、蒋介石は長崎から小浜温泉に逃避していたことになる。ただし、その宿泊台帳などの記録はない。張群の回想では、『一角楼』は、かつて第二革命に失敗して蒋介石と日本に亡命したとき、滞在した思い出の場所である」という[33]。張群にインタビューした李嘉によれば、第二革命後「岳公（張群）は小浜海岸の『一角楼』に二カ月逃避生活した」とあるが、蒋介石が一緒であったとは述べていない[34]。

一九一三年における張群の小浜逗留は間違いないが、蒋介石は確かでない。明らかに記憶違いであろう。しかし長崎滞在時、蒋介石は地元の新聞には多くを語っている。

九月二日の「長崎日日新聞」によれば、九月一日入港の筑後丸（外交文書では筑前丸）で「陳其美の幕僚陸軍少将蒋介石氏（夫人同伴）来崎したる」（「亡命客又来る」「長崎日日新聞」一九一三年九月二日）とある。そして十日の同紙には「再挙の準備整ふ—蒋介石の談」として蒋介石の談話が掲載されている。(35) 外交文書では九月六日に長崎を離れたとされているが、同紙談話がいつ語られたかは不詳である。

この蒋介石談話は、これまでどこにも紹介されていないので、少し長いが全文を転載する。

自分は某氏の忠告に依つて、上海を出発して日本に着く迄、三度び名を変へた。実は浙江省出身の蒋介石と言ひ、貴国振武学堂にて、軍事教育を受けたる上、高田砲兵聯隊にて実地見学をして居つたが、第一次の革命乱と共に、急ぎ帰国して共和の為め奮闘した。今回、第二次革命には花方役者陳其美の幕僚となつて、各処に奮戦苦闘した陸軍少将である。長崎上陸当時には、蒋翊武ではないかと疑はれた。蒋翊武は今、出身地の湖北に在つて、再挙の画策に忙がしいから、多分彼は日本には来まい。自分が日本に来たのは、貴国に亡命して居る同志と再挙の打合せをするのであるが、故国同志よりの情報に依て、今夜にも直に帰国するかも知れない。

南京に於る張勲部下兵卒の虐殺掠奪事件に就ては、自分も今新聞を読みつゝ、此暴状を大に憤慨して居つた所である。元来、張は山東の人足上りで、周時代の支那式の話にもなんにもならぬ痴者である。彼の部下も多くは山東省の苦力で、弁髪して居り、孰《いず》れも眼に一丁字すらなければ、正式に軍隊教育を受けた事のない野獣に等しき人足許りである。一体、袁派の北方の兵隊は張勲の部下のみならず、皆張勲の兵と似たり寄たりの無教育の下等人足許りである。周時代の支那は都市を攻撃する場合には、攻撃軍の大将が部下の兵卒を奨励し、働かす為めに、総ふる掠奪を許すと云ふ野蛮極つた手段を執つたもので、現に長髪賊の乱に曽国藩が南京に攻め入つた時に、彼は部下の兵に十日間は凡ふる蛮的行為を許したものである。此遺風は今猶清時代の流れを汲む支那軍人の間に行はれ居るから、張勲も今回、南京攻撃に際し、多分三日間は、如何なる虐殺掠奪を為すも構はないと、部下の人足軍隊に許したのであらう思はるゝ。兎に角、此野蛮的乱暴狼藉は今後も到る処で行はれ、其結果、袁世凱は列国に信用を失ひ、終に大失敗に終わるのであらうが、一方吾々革命派の同志の再挙計画は、着々として進行し、将来の大総統と言はれて居る汪成衛（汪精衛の誤り）の如きも、革命派軍費の宝蔵たる南洋各地の支那人を説き廻り、軍費を募つて居る。今や総ての計画は、何時にても再挙の旗挙げを為し得る迄に進んで居るが、此次の革命戦に中心的人物となつて大に働くものは孫逸仙と陳其美とであらう。今度は必ず成功して見せる。

（「長崎日日新聞」一九一三年九月十日）

南京の革命軍を打ち破った北洋軍閥の張勲軍については、南京在住の外国人までも掠奪に巻き込まれ、日本でも非難が沸騰した。それを捉え、野蛮な北洋軍閥軍に比べて革命軍の純粋さを訴えたかったのであろう。後に宿命のライバルとなる汪精衛を「将来の大総統と言はれて居る」と語っているのは、興味深い。

夫人を同伴して逃れた蒋介石は、はたして自称するように陸軍少将であっただろうか。外交文書でも陸軍少将として記録されている。そのように自己申告したのであろう。この第二革命で、蒋介石は上海討袁軍総司令となった陳其美の配下で戦った。蒋介石は辛亥革命の時の部隊である旧五団（団長が蒋介石）が改組した九三団に潜入し、上海制造局の攻撃に参加したが、敗北した。[36] 陳其美上海都督の幕僚という表現は間違っていないとしても、決して陸軍少将という高い地位ではない。年齢も偽っているから、自己を大物として誇張させて見せたかったのであろう。夫人同伴というが、この時期に一緒に行動していたのは妾の姚治誠であり、正妻の毛福梅ではない。

蒋介石は一九二七年にも長崎を訪れ、その時は間違いなく雲仙で静養している。既に亡命者ではなく、新生中国のホープとして期待されている要人としての来日である。この時の蒋介石も、宋美齢との新婚旅行であったという間違った事実が今日まで伝えられている。

蒋介石が宿泊した小浜温泉の老舗である小浜観光ホテルのパンフレットには、「大正二年九月、蒋介石総統二カ月間御滞在。昭和二年九月、蒋介石総統二回目の御滞在」（小浜観光ホテルのパンフレット「小浜観光ホテル変遷」）とある。先代主人の木村澤治氏の記憶をもとに、そのように伝えられている。二度目も四十五日ほど滞在したともいわれる。さらに、蒋介石は宋美齢夫人との新婚旅行で来たともいわれる。[37] また、前日宿泊した雲仙温泉の九州ホテルでも、蒋介石が宋美齢との新婚旅行で泊まられたと言い伝えられているという。[38]

一度目の長崎滞在については、すでに明らかにしたが、一九二七年秋については次の通りである。

蒋介石はその後、孫文に見出されて国民党のなかで急速に台頭していった。一九二五年に孫文が死去し、激しい権力闘争に勝利した蒋介石は遂に国民党の最高指導者に上り詰めた。国民革命軍総司令として北洋軍閥打倒の国民革命（北伐戦争）を指揮し、一九二七年に武漢、南京、上海を結ぶ長江（揚子江）以南を制圧し、南京政府を樹立した。しかし国民党内部で激しい権力闘争が激化し、蒋介石は一時下野して、日本を訪れた。その時、雲仙温泉、小浜温泉に滞在したのである。この時の蒋介石は革命派を代表する著名人であり、日本の新聞が連日報道しているから、事実ははっきりしている。

蒋介石は張群など五人で、一九二七年九月二十九日、上海と長崎を結ぶ定期船・上海丸で長崎へ上陸し、そのまま雲仙温泉へ向かった。九月二十九日、三十日は雲仙温泉の九州ホテルに宿泊し、十月一日に小浜温泉の一角楼に宿泊した。そして十月二日に諫早駅から急行の夜行寝台で神戸へ向かった。[39] 小浜観光ホテルに残っている蒋介石の書は、この時に一角楼の主人・木村澤治に頼まれて書いたものである。同行した張群の書も残されている。

蒋介石の書は、「自由」「横掃千軍」「海天一色」の三点で、二点には「木村主人」と為書されている。「横掃（千軍をなぎ倒す）」とは、北伐軍の勝利を意味し、一九二七年に書かれたものと理解できる。張群の書は「一天涼月、満頃鴎波、旧地重遊、蹔息塵労（天には仲秋の満月、広大な海原には鴎と波。思い出の地に再び遊び、暫らく戦場の埃と疲れをとる）」とある。「丁卯仲秋」と書かれており、「重遊（再び遊ぶ）」の意味からも、張群にとっては二度目の一九二七（丁卯）年十月に筆を執ったものであることが明らかである。

この日本訪問直後の十二月一日、蔣介石は上海で宋美齢（孫文未亡人・宋慶齢の妹）と再婚した(40)。実は結婚の了解を得るため、宋美齢の母親に会うのが日本訪問の目的の一つであった(41)。当時の新聞記事でも、記者の質問は宋美齢との結婚問題に集中した。だが宋美齢は上海にいて、長崎に同行していない。

では、なぜ小浜観光ホテルや九州ホテルで、蔣介石は宋美齢との新婚旅行であったと、誤って言い伝えられているのであろうか。明らかに記憶違いであるが、そうさせたにはそれなりの訳がある。

この時、同行した蔣介石秘書の陳舜耕が九州ホテルで結婚式を挙げたからだ(42)。蔣介石も結婚式に参加した。そして陳秘書の新妻も一行に合流し、一角楼にも宿泊している。どうやら陳秘書の新妻と、後に中国のファーストレディーとして名を馳せた宋美齢をダブらせ、後日にそのような話が形成されたのであろう。あたかも宋美齢と一緒に蔣介石が逗留したという「伝説」が生れたのだ。

その他の亡命者たち

長崎には柏文蔚の他、何名が亡命生活を続けていたのであろうか。この点についても日本当局は驚くほど詳しく調べている。二度にわたって長崎在留の亡命者調べがなされているのだ。一九一四年四月二十五日と一九一五年四月七日である。

一九一四年の調査では、長崎在住の亡命者として、柏文蔚、白逾桓（元衆議院議員）、季雨霖（湖北第八師団長）、沈云佩（李烈鈞の妻）など二十一人の名が連ねられ、妻や子供、下女、妾などを合わせると男女四十三名であった。すべてが柏文蔚の配下だけではなく、「李烈鈞の一派」と記された人々も多かった。[43] どのあたりに住んでいたのか。二十一人については、はっきりしている。長崎市内では、南山手が八家族、十人町が五家族、東山手が一家族、西上町が一家族、外浦町の病院に入院中が一名、市外では浦上山里村一家族、上長崎村西山四家族、となっている。おおむね市内中心部の山手、十人町界隈で生活していた。そこは長崎華僑の拠点である新地中華街にも近く、生活しやすかったのであろう。

一年後の調査では、構成員が大きく変り、柏文蔚、白逾桓ら四人は残っているが、季雨霖、沈云佩らは既に去っている。その代わり、柏文蔚の妻・梁慧静など三十六名が増え、合計四十二名となっている。出入りが多いが、かなりの数の亡命者コミュニティが形成されていたこと

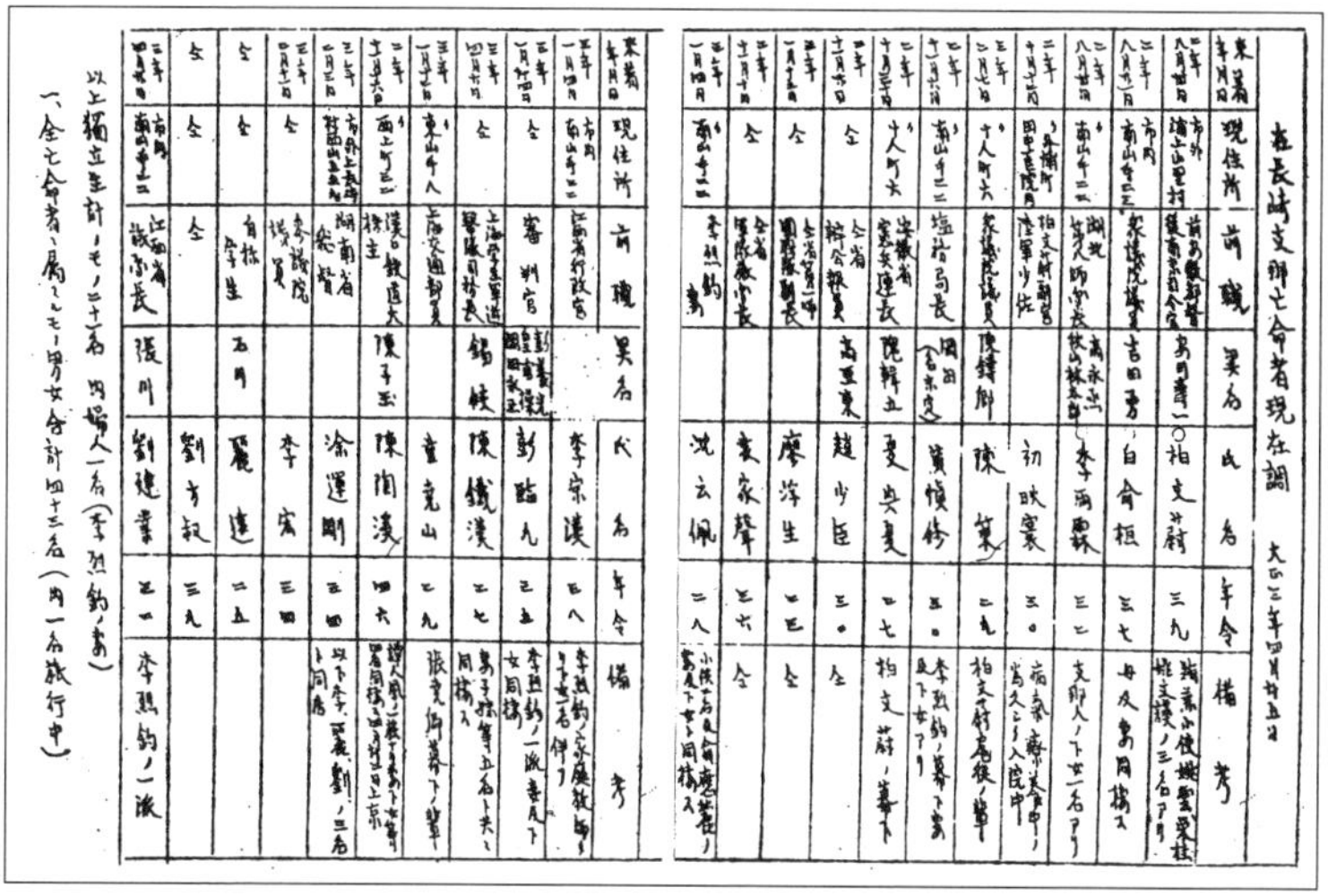

在長崎支那亡命者現在調　大正三年四月廿五日

以上独立生計ノモノ二十名　内婦人一名（李烈鈞ノ妻）

一、全亡命者ニ属スルモノ男女合計四十三名（内一名旅行中）

第二革命で長崎に亡命した者のリスト（外務省記録、長崎県知事李家隆介より内務大臣大隈重信宛、1914年４月25日）

がわかる。亡命者十六名、妻七名、子九名、弟妹四名、僕婢六名であった。(44)

妻子を引き連れた亡命者の生活実態が少し浮かび上がる。当然ながら亡命者の生活は苦しく、妻の腕輪などを売り生活費に当てていた。(45)

長崎に亡命の居を構えていたのは四十名強であるが、第二革命の失敗後、長崎に上陸、ないしは立寄って日本各地に散った亡命者の調査がなされた。それによれば、長崎を経由した亡命革命派は一九一四年五月四日現在で二百六十名（妻子、従者を除く）にのぼった。(46)

そのリスト一覧表には長崎での一時宿泊施設が書かれているので、興味深い。孫文が常宿としていた福島屋に泊まった亡命者は三十九名。中華料理の老舗である四海楼には八十三名と、圧倒的に多い。その他、吉村屋、小林屋、福本旅館、綺南楼、竹井屋、ジャパンホテル、上野屋、金田旅館、ベルビューホテル、古田旅館、吉川屋、松尾屋、緑屋、土佐屋などの名前が見られる。もちろん南山手、十人町などにいた亡命者の自宅に居候した連中も多かった。

中には大物が見受けられる。江西都督の李烈鈞、山東都督の胡瑛、南京都督の何海鳴、アナキストで有名な衆議院議長の張継、辛亥革命で活躍した譚人鳳、上海の江南製造局攻撃の指揮を執った鈕永建、後に中国の天下をとった蒋介石、および蒋介石の理論的支柱であった戴天仇（戴季陶）などが長崎に足跡を残した。なぜか、張群の名はない。

長崎関連の外交文書では、鈕永建や戴天仇の記録を見ることができる。鈕永建は蒋介石政権では国民政府秘書長、内務部長など国民党の要職を歴任した大物である。兵庫県に亡命していた鈕永建は九月十九日に長崎に到着し、福島屋旅館で妻の黄梅仙が上海より亡命するのを待った。「本人は元討袁軍総司令官なりし」と、語ったという。二人は合流した後、活水女学校に仮泊し、その後は大浦町のジャパンホテルに滞在し、九月二十二日に姫路へ向かった、とある。(47)

戴天仇は一九一三年三月、臨時大総統を辞した孫文が国賓待遇で長崎を訪れたとき、秘書兼通訳として同行したことで、長崎の人々には馴染みが深かった。戴天仇は二十歳代の若き論客であったが、『民権報』で健筆をふるい、袁世凱批判の急先鋒であった。第二革命の失敗で彼も長崎経由で東京へ亡命し、その後は大連で活動していた。一九一四年三月、大連から門司に渡り、三月十八日午前六時三十分、門司から長崎に入った。戴天仇は木村藤吉と偽名を使って長崎市今町の緑屋旅館に泊まり、東洋日の出新聞社の福島熊次郎、濱田盛之助、および柏文蔚を親しかった野中右一と会合を重ねた。[48] いずれも前年、孫文、戴天仇と一緒に長崎での記念写真に写っている仲間である。

「長崎日日新聞」にも、戴天仇が長崎を訪れ、柏文蔚と会見したようである、と報道している。[49] 密かな行動ではなかったようだ。当時、孫文と柏文蔚の関係は険悪な状態に陥り、孫文の個人秘書であった戴天仇がその関係修復のために長崎を訪れたのであろうか。

長崎華僑と亡命者たち

ここでは清末期における清朝打倒の革命結社である興中会、華興会、中国同盟会などで活躍した孫文、黄興、そして一九一三年の袁世凱打倒を目指した第二革命で指導者として活躍した李烈鈞、後の最高権力者となる蒋介石の五人を中心に、中国革命家が日本へ亡命中、どのように長崎と関わってきたかを素描した。

外務省の記録には詳しく動静、足跡が残されていることを紹介したが、おもしろいことに、地元の新聞などではあまり頻繁には報道されていない。また県誌や市誌にも記されていない。もちろん亡命者が県政や市政に大きな影響を与えたわけではなく、長崎にとって政治的には無視できる存在であったから、記録する必要がなかったのであろう。

亡命中の孫文や革命派は、横浜や神戸に住む華僑世界と深く結びつき、そこから生活資金や革命資金を調達していた。ところが長崎には日本有数の長崎新地中華街が形成されておりながら、記録を読む限り孫文や柏文蔚が長崎華僑と深い結びつきがあったという証拠を見出すことができない。柏文蔚があれだけ長期に亡命していながら、長崎華僑との接触記録が見られないのは、長崎華僑が中国亡命者を避けていたからであろう。長崎華僑から見れば、亡命者は国家反逆者であり、指名手配の危険人物である。中国の駐長崎領事館の監視のもとにあった長崎華僑は、こうした亡命者とのかかわりを意図的に回避したと考えられる。

しかし他方では、長崎には孫文の革命運動に熱いまなざしを注いできた鈴木天眼を中心とする「東洋日の出新聞」のグループがあり、孫文を直接支援した宮崎滔天や金子克己も長崎と深い関係がある。「東洋日の出新聞」も、関係が深い亡命者の記事を意図的に掲載しなかった。それが亡命者を守ることになると考えたからである[55]。

こうした輻輳する事情があったとしても、長崎が中国大陸への窓口であることを自負するのであれば、歴史研究として、もっと長崎は中国の革命運動との結びつきに関心を抱くべきであろう。

【資料紹介】

「大アジア主義」講演の原型――長崎での孫逸仙談話

広東軍政府を組織していた孫文（孫逸仙）は、第二次奉直戦争後に生まれた北京臨時執政府の段祺瑞に招かれて「北上」し、その途中に日本へ立寄った。そしてよく知られているように、神戸で「大アジア主義」の講演をおこなった。

「日本がこれからのち、世界の文化の前途に対して、いったい西洋の覇道の番犬となるのか、東洋の王道の干城となるか、あなたがた日本国民がよく考え、慎重に選ぶことにかかっているのです」（孫文「対神戸商業会議所等団体的演説」『孫中山全集』第十一巻、中華書局、一九八六年、四〇九頁。いわゆる「大亜細亜主義」演説である）という最後のフレーズは、その後に中国侵略という「覇道」を選択した日本の道を予見し、鋭く批判したものとして、あまりにも有名である。

その旅で孫文が最初に寄港したのは長崎である。一九二四年十一月二十三日、孫文は上海丸の船上で新聞記者や留学生に語りかけた。その内容は、『孫中山全集』に「与長崎新聞記者的談話」「在長崎与歓迎者的談話」「在長崎対中国留日学生代表的演説」（いずれも『孫中山全集』第十一巻）として収められている。

だが、長崎の「東洋日の出新聞」には、記者との談話において、かなり異なった内容が記さ

1924年、神戸高等女学校で「大アジア主義」を講演する孫文『孫中山先生記念集』より

れている。新聞記事は戴季陶の翻訳を通して理解した日本語であろうが、全集のそれとはかなり違った内容となっているので、その全文を紹介する。

それだけではない。「東洋日の出新聞」には、同紙記者が個人的に孫文と語り合った内容が「孫氏暢談」として紹介されている。この部分は、これまであまり知られていないように思われる。(51)だが、その内容は、五日後に行なわれた神戸における「大アジア主義」講演の骨子、ないしは原型ともいえるものであった。ただ、文章が箇条書き的な文体であり、孫文の言葉を忠実に表現したというよりは、メモを整理した内容である。

そこでは、アジアの覇権を確立した日本は、アジア民族のために「大アジア主義」を実行するべきであるにもかかわらず、逆に欧米の尻馬に乗って、貧狼となってアジアを傷めつける過ちを犯していると、日本の覇道政治を批判している。

「大アジア主義」の原稿は、既に、早くから準備されていたものであろう。

新聞各社との記者会見(52)

見出では、「中華民国を左右するは、国民の力のみ／外国の財政上の援助も必要なし／事実を見よ！……孫逸仙氏談」とし、本文が続く。

本日、皆様がわざ〳〵御足労下さいまして、こゝまで御出下された事を感謝致します。特に新聞記者諸賢に対しては、折角の御足労でしたが、自分の意見は上海出帆の時に発表して、既に今日(53)御地の新聞にも掲載されてある通りで、特に発表すべき感想もありません。神戸には三日間位滞在し、古い友人諸氏に会ひ、便のあり次第、天津に向ふ予定です。

今日の中国の時局は、段祺瑞氏に依つて収められる道順

中華民國を左右するは
國民の力のみ
外國の財政上の援助も必要なし
事實に見よ！……孫逸仙氏談
右孫逸仙氏 左戴天仇氏

「中華民国を左右するは国民の力のみ」の記事が掲載された1924年11月24日の「東洋日の出新聞」長崎県立長崎図書館蔵（『孫文と長崎』長崎文献社より）

になつて居りますが、根本は中国々民の力に依つて処理するのであります。外国の武力、外国の金力を借りる云々といふ噂の如きはホンの噂で、私は財政其他の援助を外国に受ける必要はないと思ひます。

勿論、私には其覚悟があります。要するに民国今回の変動は、全国々民の力を以て軍閥を打破し、外国の侵略を破らんとするもので、今後の時局は国民全体の力のみに依つて処理さるべきものである。或武人、或外国の力を以てドーコーすべきではない。否それはできぬのである。或は謂はん民国々民の力のみによつて、それらを実現し得るやと。私は然りと答える。

十数年前、国民の力を以て清朝を倒し得ることは、誰もが信じなかつたであらう。然し事実が証拠だてたではありませんか。国民の力は既に呉佩孚、曹昆《ママ》を破つた。日本の朝野の人々、輿論の源である新聞記者諸賢も、中華民国は国民の力にのみよるもので、外国の力で左右さるべきでないといふことを信じて頂きたい。国民の力によらねば、今後の平和は得られぬのである。その実行方法は勿論国民会議[54]です。清室の礼遇廃止？[55]それは全国民の望むところで、亦至当なことでせう。

最後に、民国が親露的態度に出でると称されるが、それは各に革命の実行といふ点に於て相一致して居るから、互に革命といふことに理解があり、同情がある。然し単に革命といふ以外には、其国情なり制度なりに於て、総て相違があるのだから、政治上の施政、社会上の制度等に至つては、自ら相違することは云ふまでもありますまい。

「東洋日の出新聞」記者との談話(56)

見出しでは、「孫氏暢談」とし、本文が続く。

船の岸壁に近づくや、戴氏(戴季陶のこと)先づ記者を認めて、大声久濶を叙《じょ》す(57)。孫氏(孫文のこと)と相見ざる事六年、益々元気の旺盛なるに驚喜す。別るゝに臨んで孫氏は、同士の長崎にあるものゝ上を問ひ、我社長(鈴木天眼のこと)の近状をたづね、我党理想の実現を見るの秋に至れるを喜び、益々奮励努力を語り、記者の自重を促す。師父の情あり。

孫氏の断片二三を記せん。

座に西岡氏あり。戴君に紹介されて、大いに履歴を叙し、支那問題に就いて聞かん事を求めつゝあり。

即ち孫氏は日本の使命を説きて、東亜の東亜たる持論を以て之を説破し、日本が亜細亜の盟主たるべき地位の確立後に於て、当然亜細亜民族の為めに尽すべきの使命を誤り、却て列強と伍して、アジアに貧狼の慾を恣《ほしいま》まにするに倣《なら》はんとするが如き風あるを採らざるの理由、欧米の東亜に対する政策と日本のそれとは先づ正反対をなすべきを根本となすの事実なるに、却て欧米の尻馬に乗て、東亜の日本が東亜を傷《そこな》はんとするの愚なる事、今日の時代は日本が列強の伍を脱するに絶好の機会たるべき事、亜細亜の目醒たる国々は漸く世界に其の国民の力を認めしむるに至れるを説き、日本は之等の諸邦の盟主として、東亜大策を立て、相率ひて欧米に当らねばならぬ大亜細亜主義に及び、次に露国を承認せざる日本の態度を説き、日本が今日露国に就て執れる政策は、後年の史家に筆にせらる、時、当時人物の払底たりし事を嘆せしむるならんと云ひ、英が露国を見る事、蛇蝎《だかつ》も啻《ただ》ならざりしもの、まづ之を承認して疑はず、露国の負債の其の多くは仏国に之を負ふ処なる事、労農露国は殆ど之を認めず、仏国をして極大の損失を蒙らしめたるに係はらず、仏国は尚ほ之を承認するの襟度を示せり、米国は露国との関係、英仏の如く密ならずと雖も、尚最近之れが承認に向つて動きつ、あり、然るに前記諸国とは全く異なり、域を交へ境を接するの日本に在りて、猶且之と修好の誼を納むる能はざるの一事は、日本の大なる失敗と云はざるべからざる事等を説きて、つきず。

注

1　外交文書「各国内政関係雑纂・支那ノ部・革命党関係（亡命者ヲ含む）」外交史料館蔵。ここで使用する外交文書はすべてこのファイルに収められている。今は「国立公文書館アジア歴史資料センター」を通し、インターネットで容易に閲覧できるようになっている。このファイルの一部である第二革命後の孫文関係史料は、俞辛焞、王振鎖編訳『孫中山在日活動密録（一九一三・八―一九一六・四）――日本外務省档案』南開大学出版社、一九九〇年、として、翻訳、出版されている。

2 すでに部分的には各所で発表している。孫文については、横山宏章『草莽のヒーロー――「無名の英雄・渡邉元」と東アジアの革命家』長崎新聞社、二〇〇二年。孫文、黄興、柏文蔚の三人については、横山宏章「中国から亡命した革命家と長崎――孫文、柏文蔚、黄興の三巨頭」「長崎文化」六十号、二〇〇二年十一月。

3 九回にわたる孫文の長崎訪問については、長崎中国交流史協会編『孫文と長崎』長崎文献社、二〇〇三年を参照。

4 第一回目は一八九七年十一月で、孫文は宮崎滔天、陳白らと初めて長崎を訪れた。当時の記録は外交文書にはない。詳しくは横山宏章『草莽のヒーロー――「無名の英雄・渡邉元」と東アジアの革命家』前掲を参照。

5 外交文書「東亜同文会員来往の風説に就き」長崎県知事服部一三から外務大臣青木周蔵宛、一九〇〇年六月十一日。

6 孫文「離横浜前的談話」『孫中山全集』第一巻、中華書局、一九八一年、一八九頁。

7 内田良平は一九〇一年に政治結社・黒龍会を結成し、いわゆる大陸浪人を集めて大アジア主義を唱えた右翼運動家。宮崎滔天と親しく、積極的に孫文の革命運動を積極的に支援した。

8 外交文書「東亜同文会員来往の風説に就き」前掲。

9 外交文書「孫逸仙寄港並同行者の件」長崎県知事服部一三から内務大臣西郷従道宛、一九〇〇年八月二十八日。
10 外交文書「孫逸仙及同志者来往の件」長崎県知事服部一三から外務大臣青木周蔵宛、一九〇〇年九月四日。
11 外交文書「孫逸仙の寄港」長崎県知事荒川義太郎から外務大臣小村寿太郎宛、一九〇二年一月二十五日。
12 金子克己『支那革命と其の前後』藤川知佳子非売品、一九九六年、三〇頁。
13 「東洋日の出新聞」一九〇七年三月六日。
14 外交文書「高秘第三二号」熊本県知事山路利恭から外務大臣小村寿太郎宛、一九〇九年一月十四日。
15 黄興「西郷隆盛墓前」『黄興集』中華書局、一九八一年、八〜九頁。
16 「年譜」『宮崎滔天全集』第五巻、平凡社、一九七六年、六九三頁、に「黄興・南洲墓前詩」として紹介されている。
17 外交文書「清国革命党員の来去」長崎県知事荒川義太郎から外務大臣小村寿太郎宛、一九〇九年一月十六日。
18 宮崎滔天「小泉策太郎宛」『宮崎滔天全集』第五巻、前掲、三六五頁。
19 「支那革命と長崎の因縁物語」「長崎日日新聞」一九四一年五月二十日。
20 外交文書「李烈鈞旅行の件」一九一三年十一月十九日。
21 外交文書「亡命支那人来往に関する件」長崎県知事李家隆介から外務大臣牧野伸顕宛、一九一三年十一月二十四日。
22 外交文書「亡命支那人に関する件」長崎県知事李家隆介から外務大臣牧野伸顕宛、一九一三年十一月二十七日。

23　外交文書「亡命支那人出発の件」長崎県知事李家隆介から外務大臣牧野伸顕宛、一九一三年十二月五日。

24　外交文書「亡命支那人帰京の件」一九一三年十二月六日。

25　孫文「復楊漢孫函」『孫中山全集』第三巻、中華書局、一九八四年、一八四頁。

26　外交文書「報告に関する件」一九一四年一月十六日。

27　外交文書「支那亡命者の動静関係」シンガポール総領事今井から外務大臣牧野伸顕宛、一九一四年一月十三日。

28　外交文書「支那亡命者の動静取調べ」外務省政務局長松井から安楽警視総監、岡警保局長宛、一九一三年九月二十三日。

29　外交文書「長崎経由支那亡命者其他調査の件」長崎県知事李家隆介から内務大臣大隈重信、外務大臣加藤高明宛、一九一四年五月七日。

30　小浜観光ホテルに残されている蒋介石の書は、「自由」「横掃千軍」「海天一色」の三点。

31　「次の活動のために英気を養ひに来た、雲仙で一夜を過ごした蒋氏元気よく語る」「大阪毎日新聞」一九二七年十月一日。

32　小浜観光ホテルの木村サチさん、木村丈治さんからの聞取り。「蒋公留日墨宝日人捐贈我国」「中華日報」（台湾）一九八六年八月二十五日。「日曜日サロン」「長崎新聞」一九八六年九月八日。

33　張群（古屋奎二訳）『日華・風雲の七十年』サンケイ出版、一九八〇年、一四頁。

34　李嘉「革命墨宝遺東瀛」「時報周刊」（台湾）一九二号、一九八一年十一月、一九頁。

35　「再挙の準備整ふ―蒋介石の談」「長崎日日新聞」一九一三年九月十日。

36 中国第二歴史档案館編『蒋介石年譜初稿』档案出版社、一九九二年、一九頁。王俯民『蒋介石伝』経済日報出版社、一九八九年、二三頁。

37 木村サチさんが父・木村澤治氏から聞いた話では、「書をいただいた蒋介石についで、宋美齢にも書を所望したが、断られた。握らせる金額が少なかったからだろうか。あるいは悪筆だったからだろうか」という。

38 九州ホテルへの問合わせの回答。

39 「蒋介石氏が来た 出島から一路温泉へ」「長崎日日新聞」一九二七年九月三十日。「次の活動のために英気を養ひに来た 雲仙で一夜を過ごした蒋氏元気よく語る」「大阪毎日新聞」一九二七年十月一日。「温泉の蒋介石氏突如姿を晦ました 諫早駅から神戸に向ふ」「長崎日日新聞」一九二七年十月三日。

40 秦孝儀総編纂『総統蒋公大事長編初稿』巻一、出版社不詳、一九七八年、一九一頁。

41 王俯民『蒋介石伝』前掲、一一三～一一四頁。楊樹標『蒋介石伝』団結出版社、一九八九年、一二二頁。

42 「温泉の蒋介石氏突如姿を晦ました 諫早駅から神戸に向ふ」「長崎日日新聞」前掲。

43 外交文書「支那亡命者現在調に関する件」長崎県知事李家隆介から内務大臣大隈重信、外務大臣加藤高明宛、一九一四年四月二十五日。

44 外交文書「亡命支那人現在者調の件」長崎県知事李家隆介から内務大臣大浦兼武、外務大臣加藤高明、警視総監宛、一九一五年四月七日。

45 「革命党の窮状（二）」「長崎日日新聞」一九一四年二月一日。

46 外交文書「長崎経由支那亡命者其他調査の件」前掲。

47　外交文書「亡命支那人来着の件」長崎県知事李家隆介から外務大臣牧野伸顕宛、一九一三年九月二十日。同「亡命支那人出発に関する件」長崎県知事李家隆介から外務大臣牧野伸顕宛、一九一三年九月二十二日。

48　外交文書「亡命支那人来着の件、革命軍首領の一人戴天仇」長崎県知事李家隆介から内務大臣原敬、外務大臣牧野伸顕、警視総監宛、一九一四年三月十八日。

49　「戴天仇氏の来崎」「長崎日日新聞」一九一四年三月二十日。

50　「支那革命珍談」「東洋日の出新聞」一九一四年一月一日。

51　陳徳仁・安井三吉編『孫文・講演「大アジア主義」資料集』法律文化社、一九八九年、には関連資料が網羅されているが、「東洋日の出新聞」の記事は取り上げられていない。

52　「東洋日の出新聞」一九二四年十一月二十四日。

53　「日支提携の必要、孫氏日本訪問の目的」「東洋日の出新聞」一九二四年十一月二十二日。「支那和平統一の為、列強の野心を除け、孫逸仙氏上海丸上の談」「東洋日の出新聞」一九二四年十一月二十三日。

54　当時、段祺瑞らは軍閥を中心とした善後会議を開いて事態の打開をはかろうとしたが、孫文は広範な代表を集めた国民会議の開催を主張し、意見の相違があった。

55　辛亥革命後も清朝廃帝の溥儀が紫禁城に住んでいたが、北京を支配した馮玉祥は紫禁城から溥儀を追い出した。

56　「東洋日の出新聞」一九二四年十一月二十四日。

57　一九一三年三月二十一日から二十三日にかけて孫文は長崎を訪問した。その時の通訳が戴季陶であり、一行は「東洋日の出新聞」の社主である鈴木天眼の自宅を訪れ、同社記者と一緒に記念写真を撮っている。記者が誰であるか不明であるが、当時の写真にある福島熊次郎、丹羽翰山、濱田盛之助の誰かであろう。清朝打倒運動の亡命時代から孫文と交流があったのは福島熊次郎である。いずれにしても戴季陶や孫文と旧知の仲であった。

補　王直問題にふれて

王直騒動とは何か

今年（二〇〇五年）一月末、安徽省黄山市郊外にある中国人倭寇の頭目であった王直の墓碑が、二人の中国人大学教師によって破壊された。(1) 理由は、王直は中国を裏切った漢奸であり、その記念碑を日本人（五島市の有志）が築いたことは、中国人を侮辱したものである、ということであった。最近、中国に高まっているという「反日」民族感情の一環として、日本や中国で衝撃的に報道された。

中国の報道を見ると様々な反応がある。破壊行為について、否定的な意見としては、器物破損はいかなる理由があっても違法行為であるから、法にしたがって処分されるべきだ、あるいは貴重な文化財を破壊した文化大革命時代の悪しき遺風だ、という論調も見られる。しかし、多くは漢奸の墓を修復した日本人の無神経さを諌める論調だ。過激な言動が飛び交う中国のインターネット・サイトには、破壊した教師を英雄視する意見も多い。

この騒動を通して浮かび上がったことは、王直に対するイメージの日中落差である。川勝守九州大学名誉教授は『日本近世と東アジア世界』で次のように述べている。「(中国側官憲の捜査資料は）倭寇の被害を数えて頭目王直（汪直）・徐海等を悪逆非道の叛乱者と描く。一方、日本では王直は五峰先生と尊称され、五島や平戸に屋敷を構え、薩摩島津氏や山口大内義隆と面会し、箱崎八幡社頭で博多豪商神屋宗湛と会談したと伝えられる。一五四三年に種子島に鉄砲を伝来したポルトガル人も、王直の日本行きの船に乗船して来た」。

王直が豪邸を構えた肝心の長崎での見方はどうであろうか。長崎県教育委員会編纂の『中国文化と長崎県』には、次のように書かれている。

日明貿易に際して、その仲介者として日本人から絶大な信頼を得たのは王直であった。一五四〇年に、王直は福江にやってきて、宇久盛定に謁見し通商を求めた。これに対し盛定は喜んで通商を許し、唐人町をつくり、ここに唐人を住まわせた。

五島の有志が建立し、文字か傷つけられた王直の記念碑

どう見ても、王直が中国沿岸を荒らしまわった残虐な倭寇の頭目というイメージは浮かばない。むしろ日中貿易の推進者として高く評価されている。だから五島市の有志は基金を募って、日中友好のシンボルとして王直の墓を修復し、記念碑を築いたのである。まさかこうなるとは思ってもみなかったであろう。歴史に敏感な中国人

の感情を知らなかったということがあるかもしれないが、ここには日中間に大きなイメージギャップがあることは明らかだ。

五島市有志を単に責めるわけにいかない理由が中国にもある。実は、中国にも王直ら後期倭寇（中国人中心の倭寇）の評価が分かれているからである。もちろん伝統的解釈は、中国人でありながら日本と通じて、中国沿海地方を荒らしまわった漢奸である。だから倭寇と戦った明朝将軍の戚継光は民族英雄である。天津の南開大学編集『日本史』によれば、「倭寇は、許棟、徐海、葉明、林国顕、王直など中国人海賊の巨魁たちの直接的指揮によって、狂猛にもたびたび中国を侵攻し、いたるところで焼き討ち、殺害、レイプ、掠奪、虐殺の限りをつくした」という。

しかし、中国の歴史学界には別の解釈がある。

中国の倭寇研究動向を整理した夏応元「倭寇問題」によれば、倭寇否定派と肯定派に分かれ、中国人倭寇の役割を高く評価する肯定派の見解は次の通りである。

倭寇の起源は明朝の過酷な封建的搾取と圧政にあり、海禁政策を実行し、沿岸地域人民の対外貿易を抑圧し、民間商人の生活の糧を奪ったことにある。ゆえに倭寇とは、海禁と反海禁、抑圧と反抑圧の闘争であり、明朝封建制度のもとで資本主義が発展する萌芽を摘み取ることに対する反抗であり、進歩的な意義を有するとみなす。

中国人倭寇に、明朝皇帝の海禁政策（海外貿易の禁止）と圧制に抵抗した進歩的役割を見いだすというものである。

上海の「新民晩報」によれば、昨年八月、黄山市で開かれた国際シンポジウムで、ある学者は「王直は安徽商人の傑出した代表であり、海禁政策に反対した先鋒である」と高く評価した。どこの国でも同じであるが、地元出身の人物を高く評価する傾向は強い。

しかし、狭隘なナショナリズムが昂揚すると、愛国主義的感情が高まり、冷静な評価は薄れる危険がある。最近の中国の各紙は、倭寇否定派に組みする様々な歴史学者を動員して、こうした倭寇肯定派を批判する論調を紹介している。中国の倭寇肯定派は、日本の学界の影響を受けたものであるという断罪すら現れている。

どこか、日本軍による南京虐殺の存在を肯定・否定する日本における南京虐殺論争と似ている。日本の歴史学界では南京虐殺の存在はゆるぎない定説であるが、狭隘なナショナリストは、依然として自国に不利な歴史解釈を否定している。

自国中心の歴史観は、ナショナリズムの心をくすぐるが、同時に冷静な眼を曇らせる危険も内包している。王直騒動を機に、日中交流の歴史を紐解くのも大切かもしれない。

（「長崎新聞」二〇〇五年三月一日より）

海は民の世界

長崎と東アジア

今、アジアを考える場合、「海の……」というキャッチフレーズはまさに旬である。「海のアジア」「海の帝国」[2]など、様々な海の視点からアジアを捉え直そうという気運が濃厚である。

私は下関で生れ育ち、同じ港町だから長崎は親しみがもてると思ってきた。予想通り親しみを持てたが、同じ港町といっても、大きな違いを感じている。それは長崎が下関以上に南の海へ広がっているということだ。長崎に来て、つくづくアジアの国と国、都市と都市は海のネットワークで結ばれていたと感じる。

中国の周辺国家を総称して夷狄という。夷狄である東夷や南蛮といわれる国は、ほとんど海を通して交易していた。名称はそれぞれの国で異なるが、いわゆる日本海海域、東シナ海海域、南シナ海海域、マラッカ海峡海域など、その交流の場は海域であった。琉球王国はその多数の海域を結ぶ中継貿易都市として栄えた。長崎もいわば一種の中継貿易都市である。貿易都市として、その姿に個性を刻んできた。

中継都市といっても、それぞれ個性が違う。海を通してお互いに影響し合っていながら、実はその間に海が横たわっているから、決して同一化されることはなく、それぞれが独自な個性を発揮できるという関係である。それがアジアの多様性を育んできた。そこが、直接つながっている陸の観点からみるのとは異なった視点を生み出すのだ。

主役は「官」ではなく「民」

今はやりの、「官」と「民」の関係で言えば、海の主役は「民」であった。そんな事はないだろうというかもしれない。遣隋使、遣唐使から始まって、勘合貿易、朱印船貿易、そして鎖国時代の長崎貿易はすべて国家や時の権力者が管理していた。確かに中国に正式の使者を送る朝貢貿易はそうであるが、それだけがアジアをつないでいたわけではない。

アジアの中心であった中国は多くの朝貢を受け入れたいたが、みずからが官船を派遣して貿易を求めていたわけではない。中国は「地大物博」を自任し、あえて国家が貿易で潤う必要がないと考えられていた。「無い物はない」から、輸入業務は必要ない。だから貿易、交易は、勝手に金儲けしたい民間に任せていたのである。

長崎との唐船貿易ですら、日本側は幕府・奉行が管理していたが、そこに現れた中国の唐船は民間の中国商人の貿易船であり、北京の宮廷はあずかり知らないものである。極端に言えば「民」が勝手にやっている一種の密貿易である。長崎に現れた最初の中国船は一五六二年といわれている。当時の中国も海禁政策で一種の鎖国をしていたから、長崎に現れた唐船も、禁を犯してきた冒険者であった。

長崎で活躍したオランダ船は、確かに東インド会社という国策会社との交易で、一種の官貿易であった。だが、長崎貿易の中心ではない。オランダ船は年に一隻か二隻しか入らず、多い時には二百隻近くが入ってきた唐船貿易に比べれば、月とスッポンである。阿蘭陀船の出島貿易を見ていただけでは、長崎は理解できない。唐船貿易として来た船は、中国沿岸からだけでなく、ベトナムからも唐船を装って来ており、アジア商人のたくましさを感じる。

アジアの海は「民」が支配していた、といえるであろう。国家は皇帝や将軍など「官」が支配していたが、海は名もなき人々が支配していたのである。

日本周辺の海は、海賊など冒険者の舞台であった。倭寇が中国沿岸を荒らしまわったことは有名であるが、一五四〇年以後、五島や平戸に壮大な屋敷をかまえた中国の王直も密貿易商人で、いわば海賊の一味であった。彼は日本だけでなく、ルソン、アンナン、シャム、マラッカなどに進出して、巨万の富を築いたが、最後は一五五七年、明朝に捕らえられて処刑された[3]。

天津の南開大学編集『日本史』によれば、「倭寇は許棟、徐海、葉明、林国顕、王直など中国人海賊の巨魁たちの直接的指揮によって、狂猛にもたびたび中国を侵攻し、至るところで焼き討ち、殺害、レイプ、掠奪、虐殺の限りをつくした」(呉廷璆主編『日本史』南開大学出版社、一九九四年、一九六頁)とある。王直は、日本では比較的暖かく受け入れられ、日中貿易の先駆者として描かれる。「日明貿易に際して、その仲介者として日本人から絶大な信頼を得たのは王直であった」(『中国文化と長崎県』長崎県教育委員会、一九八九年、二一一―二一二頁)といわれるが、中国の「官」から見れば、倭寇を騙る海賊であった。

ただ、最近の中国では、倭寇肯定論が台頭している、という。(4) それによれば、後期倭寇のほとんどは中国人倭寇である（七割から九割が中国人）。明朝政府が海禁政策で民間貿易を圧迫したので、それに抵抗した中国民衆の行為であった。その結果、明朝の専制統治が瓦解し、農民の税負担も軽減された。また海禁政策が開放され、民間海上貿易が発展し、中国における経済発展を促した。倭寇の清朝との闘争は、中国社会にとって進歩的意義を有している。

実は、南蛮船と言われるポルトガルの船が日本へ向かったのも、南洋で倭寇の船から聞いた情報によるものである。中国人倭寇を含めて、単なる「流浪の民」ではなく、海を支配する民間の海人が長崎を「海の長崎」に仕上げたのである。

日本の密貿易

徳川時代、長崎が唯一の開港でなかったことは明らかである。朝鮮とは対馬が開かれ、中国とも薩摩、琉球を通して別ルートが開かれていた。薩摩の島津藩は、中国との朝貢貿易があった琉球の窓口を使って、様々なものを輸出入し、利益をあげていた。後、長崎貿易にも介入し、抜け荷行為を行って、事実上の密貿易を進めていた。藩による密貿易である。山脇悌二郎は「密貿易家の島津」（山脇悌二郎『長崎の唐人貿易』吉川弘文館、一九九五年、二六六頁）と断定している。大名の藩は明らかに「官」であるが、幕府の命令をくぐって公然と密貿易する「官」の叛乱は、ある意味では「官」としての幕府の威光の弱さを物語っている。長崎貿易初期、北九州付近で中国船が漂流を口実にひそかに密貿易をしていたことは有名である。

中国の福建省に調査へ行ったことがある。福州の琉球館、厦門の鄭成功記念館など日本となじみ深い施設が多い。泉州の海洋交通史博物館などで、長崎貿易に関する資料を聞くと、ほとんどないと答える。中国は文書の国である。二百年も続いた長崎貿易の記録が残されていないなど、信じられない。ワケを聞くと、それは「官」の記録にないからだ、という。なぜなら、中国からみれば、唐船貿易は「民」の勝手な貿易行為である。「官」があずかり知らない行為には記録がないのである。皇帝への上奏文の記録を見ても、遭難などトラブルが起こらない限り、役人の巡撫は乗り出さず、よって事件以外は報告もない。徹底した無視である。

その原因の一つは、徳川政権が中国皇帝へ朝貢してなかったからであろう。中国からみれば、礼をわきまえない野蛮な東夷であるが、日本としては海が横たわっているので、朝貢しないからといって攻めてこられる心配がないので、あえて朝貢する必要がなかった。中国から来る民間船との交易で十分だったのだ。

開国と近代

近代の長崎を考えると、まず浮かぶのは定期航路としての長崎・上海航路である。上海丸、長崎丸が就航した。それはヒト・モノ・カネ・情報を運んだが、日本と中国の関係では、光と陰を映し出している。日本による中国侵略の拠点となり、上海租界地で闊歩した長崎人が下駄履きで気軽にわたれるルートであった。上海の租界には十万人以上の長崎人が住んだから「長崎県上海市」（『ドキュメント昭和2 上海共同租界』角川書店、一九八六年、三七頁）と言われたという。それは中国人から見れば、屈辱以外の何物でもなかった。

他方、上海航路は中国革命家の日本亡命を助けるルートでもあったというプラスの側面ももっている。中国革命家でもっとも有名な孫文は、日本に亡命して中国革命に向かう時、いつも長崎を通過していた。長崎から多くの支援者である日本人が一緒に乗込んだ。長崎は革命運動の窓口であった[5]。

孫文は海のネットワークを最大限に利用した人物である。反逆者、現代で言えば危険なテロリストとして逮捕状が出ていた孫文は、一九〇七年、日本政府から追われた時がある。その時、長崎から香港に向かい、ベトナムのハノイやシンガポールで亡命生活を続け、マラヤのクアラルンプールやペナン、タイのバンコックを回って南洋華僑から多くの革命資金を集めた[6]。これらは海を通して結ばれていた華僑・華人交易圏である。

一九一三年、中国では袁世凱支配に刃向かう第二革命が失敗した。その時、二百六十名の革命派がドドッと長崎に逃げ込んだ。その内、家族を含めて四十三名が長崎に住みついて、一年以上も亡命生活を続けた。その代表が、第二革命のヒーローの一人である柏文蔚である[7]。彼は安徽省で袁世凱打倒の烽火を上げた都督である。

海は平和な貿易の広がりだけではない。海賊を暗躍させ、革命を運び、戦争をもたらす。だから政治の歴史を学ぶものにとって、海は底知れない深みを持っているのである。

（『シンポジウムおおむら'03 海の長崎学―アジア貿易ネットワークの歴史』二〇〇三年十月十八日、発言原稿より）

【資料紹介】

中国における倭寇・王直評価

夏応元「倭寇問題」（李玉、夏応元、湯重南主編『中国的中日関係史研究』世界知識出版社、二〇〇二年、より抄訳）

倭寇が中国の沿岸地域を荒らしまわったのは、元代から始まったことであるが、明代に入ると更に凶暴となって、中国と日本の関係を揺るがす一大事件となってしまった。明代でも、すでに少なからずの人々が、倭寇の原因や、倭寇蔓延の抑止策、掃討策などを探り、倭寇事件に関する著書を記している。今日では、それらは既に倭寇の史料的意味を帯びてきている。清代にはほとんど研究が進まなかった。

現代になると、とくに抗日戦争時期に、中国に対する帝国主義侵略の根源を歴史的に暴露するということで、倭寇批判の著書、論文が大量に発表された。そのなかには学術的価値が高いものも含まれている。たとえば陳懋恒『明代倭寇考略』は比較的優れた研究書である。

新中国が誕生し、次々と研究が進められた。とくに改革開放政策が始まった一九八〇年代以降になると、五〇年代、六〇年代に進められた明清時代における中国資本主義萌芽論争の成果の上に、倭寇研究は新しい時代に突入した。

明らかな特徴点は次の通りである。学者の領域からいえば、単に日本史や中日関係史の分野の学者だけでなく、明史、海外交通史、社会経済史、貿易史などの分野の学者も包括的に参加するようになった。研究的学風からいえば、以前は史実の考察、あるいは単純なる批判、叱責・糾弾にとどまっていたのが、冷静かつ緻密な論理展開に転じ、論争に熱が帯びてきた。その研究と論争の中心は、明らかに倭寇問題の歴史的作用に関する評価に集中した。とくに後期倭寇といわれる嘉靖年間における倭寇への評価である。

大陸でこの問題に参加した学者たちは、両派に分かれる二つの意見に収斂されてしまった。一派は、基本的に伝統的な見解を踏襲し、それを発展させた。すなわち倭寇というものは、日本の封建領主や浪人（訳者注……直訳すれば藩主を持たない野武士であろうが、松浦党などの海賊衆をさすものと思われる）の支援のもと、主要な倭寇は中国の海盗（海賊）、流民、失業者からなる武装海盗集団であるとみなした。倭寇は中国沿岸地域に侵攻し、大規模な武装攻撃を敢行し、殺人、掠奪を繰り返し、沿岸地域の人民の生命・財産に巨大な損害を与えてしまった。中国東南沿岸地域の資本主義的萌芽が発展するための巨大な障害となってしまった。この結果、倭寇の性格を反動的であるとみなし、なんらの進歩的意義もないと言い切った。戚継光を代表とする倭寇掃滅を指揮した将軍たちを、国土防衛の功績がある民族英雄であるとたたえた。伝統的な批判観点を有するこの一派は、あえて名づければ、倭寇「否定論者」ということができる。

別の一派の認識は次のようなものである。倭寇の起源は明朝の過酷な封建的搾取と圧政にあり、海禁政策を実行し、沿岸地域人民の対外貿易を抑圧し、民間商人の生活の糧を奪ったことにある。ゆえに倭寇とは海禁と反海禁、抑圧と反抑圧の闘争であり、明朝封建制度のもとで資本主義が発展する萌芽を摘み取ることに対する反抗であり、進歩的な意義を有するとみなす。この闘争の結果、明朝は晩年になって海禁を放棄し、資本主義的萌芽の成長に一定の道筋をもたらした。この観点から、あえて名づければ、倭寇「肯定論者」ということができる。

この「肯定論」観点の論著は次のようなものがある。

①陳杭生「嘉靖『倭患』探実」『江漢論壇』一九八〇年第三期。
②林仁川「明代私人海上貿易商人与『倭寇』」『中国史研究』一九八〇年第四期。
③戴裔煊『明代嘉隆間的倭寇海盗与中国資本主義的萌芽』中国社会科学出版社、一九八二年。
④戴裔煊「倭寇与中国」『学術研究』一九八七年第一期。

過去の伝統的論著は、一般的にほとんどが倭寇に対しては否定的態度である。数は多すぎていちいちあげることができず、省略する。ここに列挙するのは、近年「肯定論」が登場した後に、「肯定論」と論戦を繰り返している主要文章である。

⑤陳学文「明代倭寇事件性質的探討」『江漢論壇』一九五八年第七期。
⑥陳学文「明代海禁与倭寇」『中国社会経済史研究』一九八三年第一期。
⑦陳学文「論嘉靖時的倭寇問題」『文史哲』一九八三年第五期。
⑧王守稼「試論明代嘉靖時期的倭患」『北京師範学報』一九八一年第一期。
⑨郝毓楠「明代倭変端委考」『中国史研究』一九八一年第四期。
⑩曽意丹「也談『倭患』問題—与陳杭生同志商権」『江漢論壇』一九八二年第三期。
⑪張声振「論嘉靖中期倭寇的性質」『学術研究』一九九一年第四期。

コメントしておかなければならないことは、明代の倭寇は、前期（元末から明初の洪武、永楽年間）と後期（嘉靖、隆慶年間）に分けられるということだ。両派論争の焦点は後期倭寇の評価に集中している。たとえば戴裔煊「倭寇与中国」は「倭寇は時代が違えばその性質も異なり、意義も異なってくる。一概に論ずることはできない」と指摘する。だから嘉靖年間の倭寇に対してのみ、肯定的態度を示しているだけである。その他の文章も大体同じである。

上述したような両派の観点は、鋭く対立し、違いもはっきりし、それぞれの内部では、見方や論拠の多くが一致している。だから意見を要約すれば、対照表にまとめることができる。双方の主要な論点は、整理すれば以下の通りである。

原因（肯定論）

明の嘉靖時期、民間の対外海上貿易はすでに相当な発展をみせ、海上貿易の集団として活躍するにいたっていた。明朝が海禁を実行したので、沿岸商民は対外貿易による生活の道を断たれた。人民は禁制を犯して密貿易に走ったが、明朝政府は厳しく取り締って鎮圧した。人民は黙って死を迎えるわけに行かず、武装反抗に立ち上がった。これが嘉靖年間の倭寇運動を生み出した。（①②③）

中国の貧窮人民は明の圧政と搾取によって、やむを得ず仲間を募って盗賊となった。（①）貧窮農民が次々と倭寇の隊列に参加し、隊列は膨れ上がった。（②）

定説への批判論で、日本で戦国時代に入ると、天下統一の戦争が勃発し、各地の封建藩主は領内の商人や禄にありつけない浪人を支援して、海を渡り掠奪をした、という説について、時間的に古く、倭寇の結成原因とはなれないとした。（②）

また批判論で、明の軍衛制度が崩壊し、海防が弛緩したことが倭寇を生み出した原因という説を唱えた。（②）

封建政府の官吏による搾取と抑圧と、海禁政策の実行が（倭寇を）生み出した。（③）

原因（否定論）

根本原因は日本側にある。一四六七―一四七七年の応仁の乱後、戦禍は激しく、農民は破産した。逆に日本国内の工業、商業は発展し、海外貿易の発展を求めるようになった。生活必需品の需要を満たすため、亡命の輩が領主の支援のもと倭寇軍団を形成し、外に向って財富を掠奪した。

明朝政府は官僚統治が愚かで見通しがなく、海防の準備を怠ったくせに、一律に海禁を実施したため、転じて海盗のためとなり、それが凶暴な嘉靖倭寇の客観的原因となった。すなわち「倭寇の侵入が海禁政策を生み出したわけではない」ということだ。

厳密な海禁が日本や明の官民による密貿易を阻止し、矛盾を激化させた。しかしそれは直接的な導火線に過ぎなく、倭寇凶暴化の根本原因ではない。海盗は早くから存在し、中国を騒がせ悩ませていた。中日貿易に限定されるものではなく、この種の盗賊は中国を荒らしまわるものである。⑥

倭寇の騒乱が海禁政策をもたらしたことについて、海禁政策が倭寇を生み出した原因ではない。因果関係を逆にさせることはできない。嘉靖三十年の海禁開始は、「船主や土豪は利益を喜んだが、奸がはびこったため、あえて取り締まりはされなかった」⑩

倭寇誕生の原因は、元朝や明朝の政治、軍事方面にあり、また流民や奸民、勢力を持った貴族が暴利を得るため、倭寇と結託したことにもよる。しかし最も重要で根本的な原因は、日本の地方割拠の封建勢力が倭寇を支援したことである。⑨

日本の封建領主は各自が自立し、奸商、海盗を支援し、明に侵攻して掠奪した。これが重要

な原因である。(⑦)

倭寇と応仁の乱は無関係という林仁川の見方を反駁。(⑥)

嘉靖中期、朝貢貿易が中止され、明政府が厳重な海禁方式で中日間の民間貿易の門を閉ざした。各大名は倭寇を取り締まろうとせず、これが倭寇の掠奪が凶暴になった根本原因である。(⑪)

構成員(肯定論)

その大多数は中国人である。(②)

野蛮な倭人と連絡をとっていた中国人の中には、漢奸豪族、高級官僚がいて、もともとは官僚地主階級であった。後に海外貿易に従事し、財産と勢力を得た。この種の人は少数である。圧倒的多数は中国の貧窮人民であり、東南沿岸地域の農民、手工業者、商人であり、圧迫された各階層の人民であった。(③)

日本の浪人、密貿易商人と中国の民間商人、沿岸の破産農民、漁民、盗民などから構成される。(②)

都市貧民、破産商人、落ちこぼれ知識人などから構成される。(③)

真の倭人は倭寇集団の中ではとても少数である。(①)

日本人は十分の一か二で、最高に見積もっても十分の三。その他の十分の七、八、九はすべ

て中国人で、倭寇を名乗っていた。（③）
倭寇は日本の統治階級が派遣したものではない。王直などを招き入れたのは日本社会の下層貧窮人民である。（③）

構成員（否定論）

本当の倭人と中国人の比率は、固定できるものではない。（⑥）
主要な構成員は明の破産した失業流民、各種社会のクズ、掠奪された良民であるが、中心は中国の強盗である。（⑧）
逃亡犯、悪僧侶、海寇、殺人犯、社会のクズ、兇徒、脱獄囚、罷免された悪僧侶、解任官吏、任官できない書生など。（⑥）
日本人の倭寇の一部は富豪である。王直らと結託して商売をした。一部は不満武士、浪人、破産農民である。（⑧）
基本勢力は日本の海賊である。（⑥）

首領と指導権（肯定論）

主要な首領はすべて中国人である。外国人の支配を受けなかった。（①）
倭寇における絶対的な指導権、管制権は中国人が掌握していた。（②）

倭寇のなかの日本人の地位は、とても低かった。(①)
日本人は主導的地位におらず、倭寇活動を左右することはなかった。(②)
王直らは意図的に混乱状況をもたらしたが、明官吏は責任転嫁し、戦功を報告するため、故意に倭人が罪を犯したと偽証し、真相を隠蔽した。(①②)

首領と指導権(否定論)
基本的な勢力は日本の海賊である。数字の上では日本人倭寇は多数を占めていなかったが、倭寇の最初の基本的力量、武器装備、戦術作戦、根拠地、補給路などはすべて日本からもたらされたものである。(⑥)
日本の武装密貿易者、海賊が重要な支配地位を占めていた。(⑦)
倭人が主導的作用を生み出し、主犯であり、(中国人は)倭人に追随して従った。(⑪)
日本人の領袖と大名は密接な関係があった。(⑥)
中国の首領と日本の封建藩主とは密接な関係、依存関係があった。(⑩)
王直らは、すでに倭人になりきっていた。(⑪)

活動(肯定論)
一部の悪徳地主に打撃を与えた。活動の特徴は、1商と寇は分けられない(商と寇の性格を同時に有していた)、2寇盗と人民大衆は紙一重、3寇盗の階級意識は明確で、愛憎もはっきりしている。③

活動(否定論)

不法密貿易に走り、財産を掠奪し、無辜の人民を惨殺し、奴隷売買を行った。⑩

掠奪、焼殺、婦女誘拐、人質売買、輸送財物の掠奪。⑪

「海洋に出没し、……機会があれば武器で掠奪殺害した。うまくいかなければ各地の物産を朝貢と称して奪った。殺害は民の財物を掠奪するに過ぎないが、朝貢とは国の財物を掠奪することだ」⑥

もともとは明朝が実行した「海禁」が引き起こしたものであり、前期では反海禁闘争に意義があったが、後期になると王直らは海賊掠奪に転化した。⑧

性質(肯定論)

東南沿岸の商民、一般人民、宦官などが明朝に対抗した武装反海禁闘争である。①

海商が指導し、広大な破産農民が参加した反海禁闘争である。明朝との間における、「海禁」と反「海禁」、圧迫と反圧迫、搾取と反搾取の闘争である。②

封建社会のもとでの資本主義的萌芽が芽生えてきた時期、東南沿岸地域の農民が各階層の人

民と連合して封建地主階級の残酷な搾取圧迫に反対した、海禁政策反対の闘争であり、正義の革命行動である。⑶

江南の新安一体は田畑は少なく、人は多く、土地は痩せて、やむなく多くの人々が郷里を離れて遠く異郷に赴き、生産や生産手段から離脱していた。⑶（倭寇）鎮圧は歴史の悲劇である。⑴

性質（否定論）

初期の反海禁闘争は、東南沿岸の封建商業資本と閉関自守の頑迷な封建中央政府との間の封建階級内部の利害衝突である。⑻

前期の反海禁闘争は同情に値する。後期に入ると、海賊掠奪に変わり、矛盾の性質に変化が見られ、必ず叱責しなければならないものになった。⑻

王直海賊集団は封建商業資本であり、決して新しい階級の代表ではない。資本主義の萌芽とも関係ない。倭寇も直接的には資本主義萌芽との必然的関係があるわけではない。市場の開拓要求とも関係ない。⑹

中国人が性質を変えたわけではなく、これは掠奪戦争である。⑹

沿岸人民の反封建闘争の性質とは別に論じなければならない。⑽

明の中葉には資本主義の萌芽があったものの、それが海外貿易の発展を促したことは不可能である。商品経済は国内市場を突破しておらず、国外市場まで伸びることはありえない。東南沿岸一体の商民は海外貿易の発展を要求したが、生活手段を補うもので、資本主義の萌芽による工業、商業者の要求を代表したものではない。⑦

倭寇には二種類ある。第一種は正当な商人や労働人民で、正当な貿易の実現を要求した。第二種は沿岸の豪紳、奸民で密貿易に走り、日本の海賊と結託して武装掠奪を進めた。第一種は、反海禁の意義を有していたが、第二種の反海禁は密貿易や掠奪のためであり、その性質を同一に論じることはできない。⑦

中日の民間貿易と倭寇とは区別しなければならない。商人の武装反抗は自衛であり、反海禁に属する。しかし倭寇は掠奪であり、明代の資本主義萌芽と倭寇の掠奪は同一ではない。反海禁は反封建圧迫の範疇に属するだけであって、資本主義萌芽とみなすことはできない。掠奪に参加することで性質に変化が生じた。労働者が掠奪を肯定するはずはなく、盗寇掠奪を下層人民の運動とみなすことはできない。倭寇は外からやってきたもので、日本からであり、財物の掠奪は日本との往来で生じたものであり、封建社会内部の闘争ではない。⑪

明政府が海禁政策を実行し、商人も武装して密貿易に走り、この束縛から突破しようとした。それは特定の範疇の内部で反海禁的意義があるだけである。しかし自分自身の堕落、悪巧みに長けた日本海賊との結託、倭寇との軍事部隊の結成、わが国の経済の破壊、人民の安寧した生活の騒乱などは、本来の封建的束縛から離脱しようとする色彩を消し去り、強盗と掠奪の行為

と化した。だから倭寇の平定は完全な正義である。(⑤⑥)

結果と歴史作用(肯定論)

明朝専制統治に打撃を与え、譲歩政策を迫り、農民の賦税を軽減し、生産力の発展を促した。一条鞭法の推進のための障害を除いた。明朝に迫って海禁の開放にある程度の貢献をした。民間海上貿易と東南沿岸一体の商品経済の発展を促した。それは資本主義の萌芽に有利な条件を提供した。(②)

彼らの闘争は中国の社会発展に進歩的意義をもたらした。(①)

結果と歴史作用(否定論)

人民の生活や社会経済を大きく破壊したから歴史の罪人である。(⑧)

倭寇の防御、辺境防衛への兵士動員は巨大な費用を費やし、消耗した軍費は計り知れないほどだ。倭寇の侵略で明の東南沿岸地域の貧富の差、人民の生命財産、農業、商業、工業の区別なく、等しく破壊を受けた。明の資本主義的萌芽も大打撃を受け、その阻害作用をもたらした。(⑨)

奪われた財物はすべて浪費されてしまった。資本主義萌芽のためにはマイナスに働いた。(⑪)

注

1　当初、王直の墓が破壊されたと報道された。中国紙は「砸（砕く）」という文字を使っている。その後に写真などを見ると、破壊というよりは、傷付けられた、文字が削りとられた、というのに近い。ただし福江市の十二名の名簿が刻まれている芳名塔はかなり壊された。実行者は南京師範大学副教授の郭泉と浙江麗水学院教員の鄔偉民の二人。

2　『海のアジア』1（海のパラダイム）岩波書店、二〇〇〇年。白石隆『海の帝国』中央公論新社、二〇〇〇年。

3　松浦章『中国の海賊』東方書店、一九九五年、六四～六六頁。

4　夏応元「倭寇問題」李玉・夏応元・湯重南主編『中国的中日関係史研究』世界知識出版社、二〇〇〇年、九六～一〇六頁。

5　長崎中国交流史協会編『孫文と長崎』長崎文献社、二〇〇三年。

6　李盈慧（仲井陽平訳）「清末革命及び東南アジア各国の独立運動と華僑」孫文研究会編『辛亥革命の多元構造』汲古書院、二〇〇三年。

7　横山宏章「柏文蔚の第二革命と長崎亡命」『中国研究月報』六五九号、二〇〇三年一月。

あとがき

　これまで東京にあって孫文、陳独秀、蒋介石などを中心とした中華民国史を研究してきた。基本的には政治外交史の立場から、近代中国の天下国家を論じてきた。日本や地方の研究は皆無に近かった。

　長崎に赴任し、それまでの手法を変えて、長崎という一地方から中国を眺めたいと思い、六年間の長崎経験で書き上げたのが本書である。

　だから多くの長崎の方々にお世話になった。

　長崎華僑の陳東華氏は、不可解な人物だ。近代華僑貿易の貴重な史料である「泰益号文書」を生みだした華僑の四代目である。中華街にあるホテル経営者でありながら、華僑史の発掘に熱心で、長崎中国交流史協会を主宰している。一緒に『写真誌　孫文と長崎』（長崎文献社）を編集した仲である。

　長崎県立長崎図書館の本馬貞夫氏は、とても親切な人物だ。長崎史の史料が豊かな郷土課のカウンター（今は新しく完成した長崎歴史博物館に移転している）に立って、いつもあれこれと懇切丁寧に史料を紹介してくれた。

県立長崎シーボルト大学で同僚だった岩崎義則さん（現・九州大学助教授）は、真面目な人物である。二十四歳も年下だが、私の先生である。古い文書が読めないと、彼の研究室に飛び込んで教えを請う。即座に解決してくれた。

最後に長崎人ではないが、やはり同僚だった兪彭年教授は包容力の大きな人物だ。東京麹町で生まれ育ち、少年時代に中国革命の成功に憧れて単身で中国に戻ったという熱血漢でもある。上海市政府を定年退職されたあと、長崎に来られた。たびたび一緒に中国大陸の各地を回り、上海では数多くのシンポジウムを行った。現代中国に批判的な私に対して、いつも「考えはいろいろあるから面白いのだ」といって、微笑を絶やさない。さすが中国的大人《たいじん》である。

本書の一部は発表すみである。

「長崎から上海へ、高杉晋作たちが見た中国」は、「県立長崎シーボルト大学国際情報学部紀要」第三号、二〇〇二年十二月に掲載した。故郷の長州出身である高杉晋作について、いつかは書きたいと思っていた。

「北洋艦隊水兵と長崎警察官の殺伐たる争闘」は、書下ろしであるが、その一部は「社会システム研究」（北九州市立大学）第四号、二〇〇六年三月に発表した。長崎を離れた後、長崎で集めた資料などを参考にしてまとめた。長崎で「鎮西日報」を読んでいた時、水兵事件にとても興味を抱いた。

「金玉均の日本経験」は、横山宏章『草莽のヒーロー 「無名の英雄・渡邉元」と東アジアの革命家』長崎新聞社、二〇〇二年、から金玉均の部分を抜粋し、新たに注を加えた。金玉均は韓国官僚であり、中国とは距離がある。しかし金玉均のクーデターである甲申政変は中国と日本の朝鮮支配をめぐる確執から生まれたものであり、最後に暗殺されたのは上海であった。金玉均死後、渡邉元は孫文を支援した。

「長崎『東洋日の出新聞』に見る日露戦争」は、日露戦争研究会編『日露戦争研究の新視点』成文社、二〇〇五年に掲載した。日露戦争百周年を記念して開かれた対馬シンポジウムで発表した内容である。孫文との関係も深かった鈴木天眼の研究が少ないので、挑戦してみた。

「長崎に亡命した柏文蔚」は、「中国研究月報」二〇〇三年一月号に掲載した。陳独秀伝を書いた時から、盟友・柏文蔚には関心があった。

「中国革命派の亡命窓口としての長崎」は、書下ろしであるが、横山宏章「中国から亡命した革命家と長崎」『長崎文化』第六十号、二〇〇二年十一月、及び「長崎と中国人亡命者」『歴史評論』六六九号、二〇〇六年一月に、その一部を発表した。

「補 王直問題にふれて」は、新聞寄稿やシンポジウムでの発言である。中国の反日運動のあおりで、王直の墓が破壊された。それもあって転載した。

本書は、長崎に関するものであるから、長崎の出版社から出版したかったが、実現できなかった。北九州市立大学に移った後、福岡の海鳥社を紹介され、社長の西俊明さんから出版承諾をいただき、九州で出版することができた。九州の近代史研究に貢献できれば幸いである。

二〇〇六年六月四日

横山宏章

横山宏章（よこやま・ひろあき） 1944年、山口県下関市生まれ。一橋大学法学部卒業。法学博士。中国政治外交史専攻。明治学院大学法学部教授、県立長崎シーボルト大学国際情報学部教授を経て、現在は北九州市立大学大学院社会システム研究科教授。主な著書は、『孫中山の革命と政治指導』研文出版、『陳独秀』朝日新聞社、『清末中国の青年群像』三省堂、『中華民国史』三一書房、『中華民国』中央公論社、『孫文と袁世凱』岩波書店、『中国を駄目にした英雄たち』講談社、『中国砲艦「中山艦」の生涯』汲古書院、『中華思想と現代中国』集英社、『反日と反中』集英社、など長崎関係は『草奔のヒーロー』『中国砲艦「中山艦」の生涯』『写真誌・孫文と長崎』などがある。

長崎が出会った近代中国

■

2006年8年21日　第1刷発行

■

著者　横山宏章

発行者　西　俊明

発行所　有限会社海鳥社

〒810-0074 福岡市中央区大手門3丁目6番13号

電話092(771)0132　FAX092(771)2546

印刷・製本　大村印刷株式会社

ISBN4－87415－593－6

[定価は表紙カバーに表示]

http://www.kaichosha-f.co.jp